中国文化遗产丛书
（第二辑）

关晓武 ◎ 主编

北方传统制车
技艺研究与传承

BEIFANG CHUANTONG ZHICHE
JIYI YANJIU YU CHUANCHEN

李兵 著

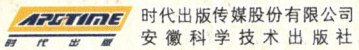

时代出版传媒股份有限公司
安徽科学技术出版社

图书在版编目(CIP)数据

北方传统制车技艺研究与传承 / 李兵著. --合肥:安徽科学技术出版社,2023.3
(中国文化遗产丛书.第二辑)
ISBN 978-7-5337-8120-0

Ⅰ.①北… Ⅱ.①李… Ⅲ.①车马器-传统工艺-研究-中国 Ⅳ.①K875.34

中国版本图书馆 CIP 数据核字(2022)第 149514 号

北方传统制车技艺研究与传承

李兵 著

出 版 人:丁凌云	选题策划:余登兵 王筱文	策划编辑:王爱菊
责任编辑:翟巧燕 胡 铭	责任校对:李 茜	责任印制:李伦洲
装帧设计:武 迪		

出版发行:安徽科学技术出版社　　　　http://www.ahstp.net
　　　　　(合肥市政务文化新区翡翠路 1118 号出版传媒广场,邮编:230071)
　　　　　电话:(0551)63533330
印　　制:安徽新华印刷股份有限公司　　电话:(0551)65859178
(如发现印装质量问题,影响阅读,请与印刷厂商联系调换)

开本:720×1010　1/16　　印张:12　　字数:182 千
版次:2023 年 3 月第 1 版　　印次:2023 年 3 月第 1 次印刷

ISBN 978-7-5337-8120-0　　　　　　　　　　　　　　定价:96.00 元

版权所有,侵权必究

丛书编委会

主　编　关晓武
编　委（按姓氏音序排列）
　　　　冯立昇　　关晓武　　郭世荣
　　　　李　兵　　李劲松　　芦　苇
　　　　吕厚均　　任玉凤　　容志毅
　　　　赛吉拉胡　孙　烈　　万辅彬
　　　　王丽华　　王文超　　韦丹芳
　　　　严俊华　　俞文光　　翟源静
　　　　张柏春　　赵翰生　　周文丽

序一

中国传统技艺源远流长,成就辉煌,它们和民众的衣食住行、民俗民风紧密相关,对承续国家文化命脉和维系民族精神特质有着重要的作用。在现代化水平日益提升的今天,传统手工艺品仍在广泛使用,凸显出其现代价值。

随着现代工业化的推进和经济的转型,众多珍贵的技艺因人们缺乏保护意识而陷于濒危状态,有的甚至面临失传,保护传统技艺、探索传统技艺传承发展机制是迫切的社会需求。

早在20世纪80年代,我和谭德睿、祝大震等就一再呼吁要抢救并保护中国传统工艺,我们在一起承担了国家科学技术委员会和国家文物局的一项软科学课题,制定了《中国传统工艺保护开发实施方案》,并在1995年发起成立中国传统工艺研究会,联合专家、学者,在国家尚未立法启动保护传统工艺之前,先行将既有的研究成果撰述成帙,以备日后之用。据此,我们提出编撰《中国传统工艺全集》的构想。这个构想得到时任中国科学院院长路甬祥院士和大象出版社周常林社长的大力支持,并得以在1996年率先启动。1999年,《中国传统工艺全集》被列为中国科学院重大项目和国家新闻出版总署的重点书目,路甬祥院士亲任主编。到2016年,《中国传统工艺全集》这套丛书编撰出版共计20卷20册,由300多位专家、手工艺人站在当代科学技术的高度,通过翔实细致的实地考察、常年的学术积累,以现代科技手段对实物和工艺流程做了分析论证,在此基础上潜心研讨,编集成帙。《中国传统工艺全集》记载了近600种工艺,涵盖传统工艺的全部14个大类,堪称国家科学文化事业的一项基础性建设。

2003年,中国政府启动了非物质文化遗产保护工程,非遗保护工作在全国展开,迄今已有1557个非遗项目被列入国家级非物质文化遗产保护名录,共计3610个子项。其中,传统技艺有287项,计629个子项。2015年,党的十八届五中全会通过的《中共中央关于制定国民经济和社会发展第十三个五年规划的建议》中明确提出,"构建中华优秀传统文化传承体系,加强文化遗产保护,振兴传统工艺,实施中华典籍整理工程",这是传统工艺传承发展指导思想和理念的重大提升和转变。2017年3月,为贯彻中央决策,文化部、工业和信息化部、财政部共同印发了《中国传统工艺振兴计划》,从国家战略的高度,擘画了传统工艺振兴的蓝图;2020年,《中华人民共和国国民经济与社会发展第十四个五年规划纲要》提出"加强各民族优秀传统手工艺保护与传承"。《中国传统工艺全集》响应了社会各界了解传统工艺内涵和价值的迫切需求,为有关工艺申报名录提供了科学依据,对传统工艺的传承、振兴和学科发展起到了重要作用。

传统手工技艺具有鲜明的地方性、民族性特点,其内容的丰富多样超出想象,风俗、人文、材料、资源、技术环境和习俗传统的不同,都会极大地影响传统工艺的生态。西藏、云南、广西、贵州、新疆、内蒙古、安徽、北京、浙江等地,保存有多种璀璨的富有民族地域特色的珍贵工艺。现在,虽然学术界从学科、行业等不同角度开展了多种传统工艺研究,并取得了丰硕的成果,但地域性和专题性传统技艺的调查研究还相对较少。

有鉴于此,中国科学院自然科学史研究所和安徽科学技术出版社自2010年起共同组织编撰出版《中国文化遗产丛书》,邀请国内几十位专家学者参加编写。《中国文化遗产丛书》旨在促进地域性和专题性的传统工艺调查研究,阐释其多元属性和价值内涵。第一辑已于2017年出版,包含《内蒙古传统技艺研究与传承》《广西传统技艺研究与传承》《黔桂衣食传统技艺研究与传承》《新疆坎儿井传统技艺研究与传承》《云南大理白族传统技艺研究与传承》和《中国四大回音古建筑声学技艺研究与传承》6个分册，取得了良好的社会反响，并于2019年荣获"第七届中华优秀出版物奖"提名奖。第二辑在此基础上拓展了4个有代表性的传统技艺项目，编写成《北京传统油漆彩绘技艺研究与传承》《马头琴制作技艺研究与传承》《潞绸技术工艺研究与传承》和《北方传统制车技艺研究与传承》4个分册，在地域性、专题性传统技艺的调查研究方面取得了新的进展。

王文超著的《北京传统油漆彩绘技艺研究与传承》，基于历史档案、地方志、民俗志、科技史著作与实地调查获得的第一手资料，以北京市园林古建工程有限公司油漆彩绘队工匠与工程为个案，从宫廷传统、民间组织、行业信仰与技术、工具和图像的传承等方面，开展北京油漆彩绘技艺和行业文化研究，探讨北京传统油漆彩绘的装饰绘图所呈现的传统文化观念和民俗文化观念，揭示了我国传统油漆彩绘行业民俗传承方式及其知识系统的整体性特征和行业民俗文化特色。

赛吉拉胡著的《马头琴制作技艺研究与传承》，基于文献资料、实地调查和对马头琴实物的研究，梳理了马头琴的起源与演变过程，阐述了传统马头琴和现代马头琴的制作技艺，从形制结构、尺寸比例、材料和制作工艺等方面比较研究我国内蒙古和蒙古国马头琴制作技艺的异同，进而分析国内马头琴制作技艺及相关文化的保护和传承问题，并提出相关建议。

芦苇著的《潞绸技术工艺研究与传承》，运用文献史料与实地调研相结合的方法，从潞绸产生的历史文化背景入手，系统分析了传统潞绸的织绣染技艺，从技术与社会的视角分析这一技艺所折射的文化内涵，并从产业和区域发展的角度分析潞绸技艺的现状，为其传承与创新发展提供了可借鉴的路径。

李兵著的《北方传统制车技艺研究与传承》，结合近现代方志等文献资料和实地调查，梳理中国古代制车技术的发展脉络，从技艺传承、制作材料、工具、工艺流程等方面阐述陕西、河南、内蒙古等地的传统制车技艺,进而探讨传统车辆现代变迁的原因,可为传统技艺研究提供重要实例。

十年磨一剑。经过十多年的努力,《中国文化遗产丛书》第一辑、第二辑得以相继出版发行,从新的视角审视和研究专题性传统技艺及其文化,采用新的技术手段阐释和揭示它们的技术内涵与机理,从更多角度反映中华民族丰富多彩的传统技艺。期望这套丛书有助于进一步推动地域性和专题性传统技艺的调查研究,为中国传统工艺的保护、价值提升和相关知识的传播做出更大的贡献。

是为序。

中国科学院自然科学史研究所研究员
中国科学技术史学会传统工艺研究会原会长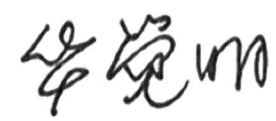
《中国传统工艺全集》常务副主编

序二

中国是传统技艺大国。当今,中国传统手工艺具有以下两个特点:其一,许多传统手工艺产品依然在被广泛使用,且深受民众喜爱,显现出其重要的价值;其二,身怀绝技的老匠师寥寥无几,许多传统技艺濒于失传,保护工作亟待加强。传承、保护乃至振兴传统技艺具有十分重要的现实意义。

传统工艺源远流长,但被视作非物质文化遗产并加以保护的时间并不算长。20世纪50年代,日本开始实施保护国粹计划,颁布《文化财保护法》,将戏曲、音乐、传统工艺及其他无形文化资产中历史价值较高者列为"无形文化财",和有形文物一起列入文化遗产保护范围。1982年,联合国教科文组织世界遗产委员会在墨西哥召开世界文化政策大会,首次使用"非物质遗产"概念。2003年10月,联合国教科文组织通过《保护非物质文化遗产公约》,其中界定的"非物质文化遗产"包括传统手工艺。

华觉明等老一辈学者很早就注意到日本政府的文化遗产保护计划和措施,认为日本保护"无形文化财"的经验值得我国借鉴。1986年,华觉明、谭德睿等相关领域专家,提出了"抢救祖国传统工艺刻不容缓——中国传统工艺调查研究和保护立法的倡议",呼吁抢救传统工艺。1987年,华觉明与其他学者一起承担了国家科学技术委员会和国家文物局的一项软科学课题,制定了《中国传统工艺保护开发实施方案》,论证传统工艺的重要性,说明抢救保护工作的紧迫性,阐述日本的经验及其借鉴价值,提出了传统工艺保护开发的实施步骤和措施。1995年,华觉明、谭德睿和祝大震等发起成立中国传统工艺研究会,策划开展中国传统工艺调查研究。1996年,中国科学院自然科学史研究所牵头组织编撰《中国传统工艺全集》,后被列入中国科学院"九五"重大科研项目,由时任中国科学院院长路甬祥院士任主编,华觉明、谭德睿任常务副主编。2002年编写完成《中国传统工艺全集》第一辑14卷13册,2004年起陆续出版。2006年首批出版发行的7卷获得中国出版协会评选的中华优秀出版物奖图书奖。2008年第二辑启动,包括6卷7册,至2016年相继出版发行。《中国传统工艺全集》汇集了300多位专家、学者和手工艺人20多年的研究成果,记录14个大类近600种工艺,再现了诸多重要传统工艺,对一些濒临灭绝的工艺做了复原研究,详细程度和准确性远胜典籍,堪称《考工记》和《天工开物》的补编和续编。

　　21世纪初,我国政府启动了非物质文化遗产保护工程。2004年,中国批准了联合国教科文组织的《保护非物质文化遗产公约》。截至2021年6月,国务院已经批准公布五批国家级非遗代表性项目名录,传统技艺是其中一个大类。《中国传统工艺全集》的出版对推动传统工艺的学科发展发挥着重要作用,为国家保护和振兴传统工艺提供了科学依据。2015年,党的十八届五中全会提出"构建中华优秀传统文化传承体系,加强文化遗产保护,振兴传统工艺",《中华人民共和国国民经济和社会发展第十三个五年规划纲要》提出"制订实施中国传统工艺振兴计划";2017年,文化部、工业和信息化部、财政部共同印发《中国传统工艺振兴计划》;2020年,《中华人民共和国国民经济与社会发展第十四个五年规划纲要》提出"加强各民族优秀传统手工艺保护与传承"。这些重大部署,彰显了国家对传统工艺振兴的重视。

近年来,在我国不少地方仍赋存多种多样的传统技艺,而学界对地域性和专题性传统技艺的调查研究还相对薄弱,有待加强和深化。为此,2010年以来,中国科学院自然科学史研究所与安徽科学技术出版社共同策划,并组织国内几十位专家、学者,大力开展地域性和专题性传统技艺的调查研究,编撰出版《中国文化遗产丛书》,以阐释地域性和专题性传统技艺的多样性特点,探讨风俗、人文、材料、资源、技术环境和习俗传统等关键因素对传统技艺发展演变的影响,呈现其丰富的文化内涵,展现中国文化遗产的多元属性和多重价值。

中国科学院自然科学史研究所是国际公认的中国科技史研究中心,在《中国文化遗产丛书》编撰工作中发挥了建制化优势,确保了编撰质量。参加编写的主要人员兼具理工科和人文学科的综合基础,有扎实的理论功底和较强研究能力,掌握了大量历史文献和相应地区传统手工技艺的线索,并对有关项目做过很多调查,有丰厚的学术积累,对于横向、纵向分析比较的研究方法有较为熟练的把握。2017年第一辑6卷出版后,获得了较好的社会反响。《中国文化遗产丛书》第二辑包括《北京传统油漆彩绘技艺研究与传承》《马头琴制作技艺研究与传承》《潞绸技术工艺研究与传承》和《北方传统制车技艺研究与传承》4个分册,著作者基于文献资料与实地调查成果,分别开展了北京传统油漆彩绘技艺、马头琴制作技艺、潞绸技术工艺和北方传统制车技艺的技术、文化及保护和传承等问题的研究,扩展了调查研究的范围和内容,取得了新的进展。

《中国文化遗产丛书》注重从多方面收集资料,讲究精选图片,不仅展现了技艺,而且表现了时代风貌和人物形象。同时,《中国文化遗产丛书》各卷还注重反映相应传统技艺项目的技术和社会人文内涵,包括行业规矩、组成、习俗、谚语、人物、代表作、历史沿革、现状和人文景观等,采用跨学科、综合性的方法对所选择的传统技艺项目做多元化、多角度、图文并茂的著录,具有科学性、学术性、文献性和可观赏性。

《中国文化遗产丛书》的出版,有助于促进地域性和专题性传统工艺的调查和综合研究,有助于推动多学科方法和现代科技手段在传统技艺研究领域的应用,对增强全社会的文化遗产保护意识、传承意识,对展示中华优秀传统文化和促进中外文化交流都具有重要的价值。

清华大学科技史暨古文献研究所所长、教授
中国科学技术史学会传统工艺研究会会长　冯立昇

前言

　　车辆的发明与演进是人类对自身脚与手在行走与搬运功能上的不断延伸与强化，使得人与物在空间上的转移速度更快、规模更大、距离更远，不仅满足了个人与族群生活、生产、战争的需求，而且促进了不同区域文明间的物质交换与文化交流，在人类文明发展史上具有重要位置。

　　车辆在中国已有3000年以上的历史，在春秋战国时期即已十分发达，尔后经过长期发展，逐渐形成独特的技术传统，这种独特性表现有二：一方面，与北非、欧洲、西亚和中亚等地区的车辆相比，有着显著差异；另一方面，传统制车技艺在中国传统木工体系中独具特色，与传统建筑营造技艺中大木作、小木作以及家具等木质器物的相关制造技艺相比，有着很大的区别。传统车辆不仅是游牧文明的象征，而且是农业文明先进生产力的代表，传统制车技艺是中国重要的非物质文化遗产，对于多元一体的中华民族文化传承具有重要价值。

　　本书实地调查了中国现存的三类传统制车技艺：一是陕西省咸阳市、西安市的木轮大车（双轮、双辕车），为前现代中国北方地区技术最为先进、应用地区最为广泛、最为常见的交通运输工具和农具；二是河南省驻马店市平舆县的太平车（四轮、无辕车），具有鲜明的地方特色，曾在豫东、鲁西、皖北等平原地区的农村广泛使用；三是内蒙古自治区赤峰市阿鲁科尔沁旗的蒙古族勒勒车（双轮、双辕车），具有鲜明的民族特色，曾在内蒙古东部的草原地区广泛使用。本书较为全面、翔实地记录了这些技艺的选材和制作工艺流程，对工具、设备和产品做了描述、拍照，以口述史的方法，厘清了主要传承人的传承谱系。在此基础上,结合文献、图像和考古出土实物等资料以及已有研究,梳理了中国古代车辆起源及演变的大致脉络以及太平车和内蒙古地区少数民族用车的历史源流,比较了不同地区现存传统车辆及其制作技艺的差异,总结了中国传统制车技艺及其工匠知识的主要特征,探讨传统制车技艺在中国现代化进程中的变迁、衰落以及恢复何以可能,并阐明传统工艺的学术价值和现实价值。

希望读者能够通过本书较为系统地了解中国北方现存传统制车技艺及其历史。本书可供科研院所、高校、博物馆、文化馆、非物质文化遗产馆等从事相关研究的学者、教师及研究生阅读,也可供对机械史、交通工具史、传统木工工艺、非遗等领域有兴趣的读者涉猎。由于作者水平有限,书中不妥之处在所难免,恳请读者批评指正。

作　者

序一	001
序二	005
前言	009

第一章　概述 001

　　第一节　传统制车技艺的定义与分布 003
　　第二节　国内外研究现状 008

第二章　中国古代车辆的起源及演变 017

　　第一节　车辆的起源 018
　　第二节　车辆的演变 030

第三章　陕西传统木轮大车制作技艺 047

　　第一节　手艺传承 049
　　第二节　制车准备工作 054
　　第三节　制作工艺流程 057
　　第四节　木轮大车制作工时与工价 077
　　第五节　木轮大车的使用和现代变迁 077

第四章　河南平舆太平车制作技艺 081
第一节　太平车的历史源流 083
第二节　太平车制作技艺传承 099
第三节　制车准备工作 101
第四节　制作工艺流程 104
第五节　太平车的使用和现代变迁 115

第五章　内蒙古阿鲁科尔沁旗蒙古族勒勒车制作技艺 119
第一节　内蒙古地区少数民族用车历史 120
第二节　阿鲁科尔沁旗蒙古族勒勒车制作技艺传承 134
第三节　制车准备工作 137
第四节　制车工艺流程 139
第五节　勒勒车的使用和现代变迁 147

第六章　传承与保护价值 149
第一节　中国制车技术演变的关键节点（清代以前） 150
第二节　关中木轮大车、平舆太平车和阿鲁科尔沁旗勒勒车的差异 151
第三节　传统制车技艺的特点和现代变迁 153
第四节　传统技艺的学术价值和现实价值 155

参考文献 157
后记 171

第一章 概述

车辆,既是一种陆上交通运输机械,又是一种战争器械,是人类在认识自然、利用和改造自然过程中的重要技术发明。车辆的发明和演进,使得人类越来越高效地实现人和物的空间转移,从而加快了文明前进的步伐以及不同区域文明间传播和交流的速度,改变着人类对时间和空间的感知。我们若从高空鸟瞰由不同类型的道路连接起来的城市,很容易注意到川流不息的车辆以及飞驰的高铁这样动态的现代技术景观。当我们将视线转移到经济发展相对落后的山区,去俯视由土路连接起来的乡村,又会看到行走的牛车这种前现代的技术景观,仿佛沿着时间的长河逆流而上,穿越到了古代。这种视觉上的差异让我们感受到古往今来交通工具的变革对人们的生产、生活产生了何其重大的影响。

中国古代车辆及其制作技艺研究,是历史学、考古学、机械技术史、交通工具史、军事技术史等研究的重要内容,对中国现存传统制车技艺的调查与研究,意义有二:

一是有助于推进陆上交通运输机械史及战争器械史的学术研究。中国有卷帙浩繁的典籍文献流传至今,是史学研究最为重要的基础,其中关于车辆形制、制造技术与使用等内容的图文记载,以《考工记》《梓人遗制》《天工开物》为代表。近代,考古学进入中国,为史学研究提供了新史料,"二重证据法"改变了传统"汉学"和"宋学"从文献到文献的研究路径依赖。考古发现了大量的车马器、车马明器、车迹(木质车辆腐朽遗迹)以及带有车马形象的画像砖石、壁画和岩画等。特别是20世纪50年代以来,车马坑发掘技术渐为成熟,车迹得以被完整地剔剥出来,为古代车辆研究和复原提供了大量的实物资料。对古代车辆制造技术研究的一项重要内容,是对其动态的工艺流程及关键环节给出技术复原方案。显然,静态的文本以及图像与实物所呈现的信息有极大的不足。"古代典籍和考古资料的缺憾限制了人们对机械技术传统的认识。因此,单纯基于文献和考古发现的技术史研究是有一定局限性的。进一步发现技术传统的一个有效途径就是调查现存传统技术,且从科技史、文化史、人类学、民俗学等角度展开讨论。"[1]中国现存传统制车技艺,是数千年来车辆制造技术传统的延续,为古代车辆及其制造技术的历史研究提供了鲜活的、动态的第一手资料。

二是对我国非物质文化遗产的传承与保护有着重要的现实意义。"文化是民族和国家赖以生存、发展和保持自身特质的基因。有无文化自觉的意识和理念,是一个民族或国家的文化能否持续传承和发展振兴的精神前提。"[2]华觉明先生指出,"非物质文化遗产的研究和保护是国家现代化建设的一个组成部分"[3]。自2005年国务院办公厅下发了《关于加强我国非物质文化遗产保护工作的意见》,非物质文化遗产的保护与传承由政府主导并提供财政支持,即已经成为国家行为,从而得到社会的广泛关注和认同。传统技艺是非物质文化遗产的重要组成部分,传统制车技艺是传统技艺的种类之一。2006年,"蒙古族勒勒车制作技艺"就被列入第一批国家级非物质文化遗产代表性项目名录。《保护非物质文化遗产公约》明确指出:"'保护'指确保非物质文化遗产生命力的各种措施,包括这种遗产各个方面的确认、立档、研究、保存、保护、宣传、弘扬、传承(特别是通过正规和非正规教育)和振兴。"[4]可见,调查(确认和立档)和研究是各项保护措施的基本前提,"通过系统地收集整理文献资料,征集实物,采访调查,以笔录、摄影、录音、录像等方式,尽可能完整和详尽占有及记录有关的信息和资料,建立档案或数据库并妥为保存,这是列入国家级、省级和市、县级传统手工艺名录的所有项目达成的基础性工作"[5]。对中国现存传统制车技艺的调查与研究,正是这样的工作。

第一节 传统制车技艺的定义与分布

一、何谓传统制车技艺

传统制车技艺,是指传统的制造车辆之技艺,其包含两层含义:一是传统车辆,二是传统技艺。为了便于进一步明确研究对象,接下来从中国传统车辆和传统技艺两个方面进行分析和界定。

车辆,又称为"车",是指陆上有轮的交通运输机械,主要用于载人或运物,还可用于战争。"车"在《汉语大字典》中有多种含义解释,既可指陆地上有轮的交通工具,也可指代驾车的人或造车的人,还可指利用轮轴旋转的工具,如纺车、水车、风车等,其作动词使用时,指用车床切削东西。本书的研究对象是作为交通工具的机械。"车辆"一词在《现代汉语词典》中的解释为"各种车的总称",其含义涵盖了机动车和非机动车(畜力车和人力车等),机动车不在本书讨论之列。"传统"一词在《汉语大词典》中的解释为"①谓帝业、学说等世代相传。……②世代相传的具有特点的风俗、道德、思想、作风、艺术、制度等社会因素。……亦指世代相传的,旧有的……",均强调"世代相传"这一主要特点,也就是说在时间维度上,必须有足够长的传承历史。本书研究的中国传统车辆是指现今中国地域范围内世代相传的陆上有轮交通运输机械。

传统技艺,是现今《中华人民共和国非物质文化遗产法》规定的非物质文化遗产重要门类之一,学界也称其为"传统工艺"。华觉明先生认为"传统工艺是历史上形成并传承至今的手工艺"[6],其强调:一是历史和传承,与"世代相传"含义一致;二是手工艺。手工艺,可称为"手工技艺",亦可简称为"手艺",华先生在《手艺的再认识》一文中对手艺的内涵、类别、本质特征、价值和发展前景在学理上做了深入思考和论述,"人类在早期,用双手(以及其他肢体),借助工具(以及简单机械)造物。这种旨在造物亦即创造第二自然或者说是人工自然的劳动,我们称之为手工或手艺"[7]。其强调人(特别是双手)在造物劳动中发挥主要作用,主要借助以人力驱动的工具或简单机械。2017年,国务院发布的《中国传统工艺振兴计划》中是这样描述的:"本计划所称传统工艺,是指具有历史传承和民族或地域特色、与日常生活联系紧密、主要使用手工劳动的制作工艺及相关产品,是创造性的手工劳动和因材施艺的个性化制作,具有工业化生产不能替代的特性。"[8]这一定义除了强调历史传承和手工劳动外,还指出传统工艺必须具有民族特色或地域特色,并与人们日常生活联系紧密。

日本在保护传统工艺方面起步较早,1974年即颁布了"关于振兴传统工艺品产业的有关法案",其对传统工艺品的界定为:"(1)主要供国民日常生活使用,包括祭祀用品、年节习俗用品、人形、陈设装饰品等;(2)主要制作过程为手工操作(部分辅助工序可以适当机械化或半机械化,但不损害手工艺的特色);(3)根据传统技术和技法制作,有较高的技艺价值;(4)有悠久的历史和较高的历史价值,在江户时代末期(1867)前确立;(5)采用传统的天然材料;(6)在一定的地域内有为数众多的艺人(30人以上,10个企业以上)和一定的产量。"[9]日本这一法律对传统工艺品的定义更为具体、明确:一是要求传统技艺(技术和技法)确立于1867年以前,也就是日本现代化和工业化进程起步以前;二是同样强调手工劳动,但允许次要工序的机械化或半机械化操作;三是要求采用传统的天然材料。但这一材料要求在我国的相关法规中没有严格限定。国务院1997年即发布的《传统工艺美术保护条例》对传统工艺美术做了界定,有助于我们理解传统工艺,"本条例所称传统工艺美术,是指百年以上,历史悠久,技艺精湛,世代相传,有完整的工艺流程,采用天然原材料制作,具有鲜明的民族风格和地方特色,在国内外享有声誉的手工艺品种和技艺"[10]。这一界定与上文日本法律相比,主要特点类似,要求传承历史在百年以上,几乎是指在清末以前(按出台这一条例时计算)。

对传统技艺的界定,之所以强调应具有民族特色或地域特色,是要明确区别于同质化、标准化发展的现代工业技术。18世纪以来,世界不同地域、民族纷纷走上了工业化道路,全球化的发展趋势让他们逐渐丧失了原有的文化特色。"传统工艺(traditional crafts and arts),不是指近二三百年所创造出来的文明成果,而是指工业化以前的几千年甚至上万年里创造和传承的技艺。"[11]

综上所述,本书研究的中国传统车辆及其制作技艺界定如下:

(1)中国传统车辆是指中国地域范围内世代相传的陆上有轮交通运输机械。

(2)与其相关的制作技艺应是在清代以前即已成熟稳定,民国时期和1949年以来并未受到现代科学技术和工业化影响的手工技艺。

二、现存传统制车技艺的分布

车辆在中国已有3000多年的历史,最初为独辕(辀①)车,在战国时期出现了双辕车,与之相适应的系驾法,也随之从轭靷式转变为胸带式,在西汉晚期或更早又发明了独轮车,至迟在元初时出现了与现在所见马车或牛车类似的鞍套式系驾法,尔后至今车辆在主要结构上再无重大革新。晚清时期,火车、脚踏车(自行车)、汽车等现代交通工具引入中国,开始逐渐取代传统车辆,民国时期还出现了传统车辆局部现代化的胶轮畜力车。中华人民共和国成立后,传统车辆还在部分农村地区使用,但随着中国农业和工业现代化进程的加快,特别是改革开放以后,传统车辆在人们日常生产生活中渐渐失去了原来的需求市场和存续环境,在20世纪末期已濒临消亡。

现存的传统车辆制作技艺是在国家和地方开展非物质文化遗产保护工作之后,重新恢复起来的。一些地区的老木匠在民国时期即已掌握了传统制车技艺,中华人民共和国成立以后多数继续从事木工行业。2005年以来,他们通过各地文化部门工作人员的查访得以被发现,不仅恢复了这项传统技艺,还重新带徒传艺。目前,内蒙古、河南和陕西三地的传统制车技艺被列入了各级非物质文化遗产代表性项目名录,见表1-1。

---

① 辀,亦称"辕",古车上连接车舆与牲畜的零件,用于动力传输和保持车舆平衡。先秦文献中辀与辕二名皆可见,《说文》将二字互训,《释名》:"辀,句也,辕上句也。"意为辕上曲称"辀"。西汉扬雄《方言》:"辕,楚卫之间谓之辀。"作者认为辕和辀为不同地域的称呼。本文称辀时一般是指车辕形态独且曲,称辕时一般指车辕形态双或直,比如后文称"独辕车"即为独直辕。

表1-1 传统车辆制作技艺非物质文化遗产代表性项目名录

序号	项目编号	项目名称	级别	公布时间	类型	申报地区或单位	保护单位
1	Ⅷ-46	蒙古族勒勒车制作技艺	国家级	2006年（第一批）	新增项目	内蒙古自治区东乌珠穆沁旗	东乌珠穆沁旗文化馆
2	NMⅧ-1	蒙古族勒勒车制作技艺	自治区级	2007年（第一批）	新增项目	内蒙古自治区东乌珠穆沁旗、阿鲁科尔沁旗	东乌珠穆沁旗文化馆、阿鲁科尔沁旗文化馆
3	NMⅧ-8	达斡尔车制作技艺	自治区级	2007年（第一批）	新增项目	内蒙古自治区莫力达瓦达斡尔族自治旗	—
4	Ⅷ-46	蒙古族勒勒车制作技艺	国家级	2008年（第二批）	扩展项目	内蒙古自治区阿鲁科尔沁旗	阿鲁科尔沁旗文化馆
5	NMⅧ-16	通古斯鄂温克制四轮车制作技艺	自治区级	2009年（第二批）	新增项目	内蒙古自治区陈巴尔虎旗	—
6	—	太平车制作技艺	省级	2007年（第一批）	—	河南省驻马店市平舆县	—
7	—	关中硬木轮大车手工制作技艺	区级	2014年（第二批）	—	陕西省西安市高陵区	高陵区文化馆
8	—	关中木轮大车制作技艺	市级	2014年（第四批）	—	陕西省西安市高陵区	高陵区文化馆
9	—	木轮大车制作技艺	省级	2015年（第五批）	—	陕西省西安市高陵区、咸阳市渭城区	高陵区文化馆、渭城区文化馆
10	—	礼义成硬铁辘大车制作技艺	市级	2015年（第五批）	—	陕西省咸阳市渭城区	渭城区文化馆
11	—	木质马车制作	区级	2017年	—	陕西省西安市灞桥区	—
12	—	礼义成硬钻辘大车	区级	2021年（第三批）	—	陕西省咸阳市渭城区	渭城区文化馆

第二节 国内外研究现状

关于古代车辆的研究，涉及材料、工具、工匠、设计、形制、制造、名物、性能、使用、礼仪、埋葬等诸多方面的内容，不同时期不同领域的学者根据研究需要，选取不同的研究视角，使用不同类型的第一手资料，就车辆制造技术的某些方面作出研究。

一、经学、历史学与考古学视野下的车辆研究

《考工记》中有关于先秦车辆制作技术较为详细的记载，是研究古代车辆的重要史料，相关研究著作也最为丰富。该书于西汉时被选入《周礼》以补《冬官》之缺，借此得以流传至今，且历代诸儒多有注疏。东汉经学家郑玄继承前儒注释，集成《周礼注》，其注释以汉代来说明周代，故保留了东汉及以前车辆的重要信息。唐代经学家贾公彦的《周礼义疏》，集魏晋六朝诸家之说阐释《周礼注》，是继郑玄后对《周礼》学的又一次总结，对于先秦车辆的研究价值不及郑玄所注。清代乾嘉学派以考据而闻名，对《考工记》以及其中有关车辆的专题研究多有著述，如江永(1681—1762)的《乡党图考》《周礼疑义举要》，戴震(1724—1777)的《考工记图》，程瑶田(1725—1814)的《考工创物小记》，阮元(1764—1849)的《考工记车制图解》，郑珍(1806—1864)的《轮舆私笺》，王宗涑的《考工记考辨》以及孙诒让的(1848—1908)《周礼正义》。清儒对先秦车辆研究的重要推进在于对大车的结构和尺度数据做了考订，并绘制图形来表达。现代学者继续对《考工记》做注释和研究，较为突出的是闻人军的《考工记导读》[12](1988)和《考工记译注》[13](1993)以及戴吾三《考工记图说》[14](2003)，他们的注释与研究较古代注疏的进步在于现代科技原理的分析和考古资料的佐证。此外还有张道一的《考工记注译》[15](2004)，关增建和德国人 Konrad Herrmann 的《考工记：翻译与评注》[16](2014)，陈殿校注的《考工记图》[17](2014)。陈殿的校注本选

择存世善本进行高清影印,同时当页排印标点、释文,并加校勘及精当注释,给研究和阅读提供了很大的便利。

基于以《考工记》及其注疏、《后汉书》及其后历代正史中的《舆服志》等传世文献为主的车辆研究,重点关注车辆的种类、形制、用材、名物、功能、使用、设计、系驾法、礼仪制度与文化等方面,当然作为现代史学家,他们也总是引用考古资料来佐证。其中具有代表性的学者和著作:孙机的《汉代物质文化资料图说》[18](1991)对汉代车辆的种类及其名称、车辆的重要零部件和车马配件的形制、名称以及系驾法做了严谨的文献考释,并与考古出土的画像和实物遗存一一对照研究;汪少华的《中国古车舆名物考辨》[19](2005)利用训诂学的方法,借助考古实物,对古籍与考古发现中车舆马具的疑难名物做了考订;刘克明的《中国技术思想研究——古代机械设计与方法》[20](2004)是一部研究中国古代机械设计思想和设计方法的专著,主要研究资料为《考工记》《周易》《老子》《墨子》等典籍,其中有不少关于车辆研究的独到见解;郑若葵的《交通工具史话》[21](2000)和《中国古代交通图典》[22](2007)论述了从史前时期到清代的交通工具史和交通路线,全面梳理了有关车辆的文献资料和考古资料;秦国强的《中国交通史话》[23](2012)也属于交通史的通史性论著,时间下限定于民国时期,涉及现代交通工具,其论述不如郑若葵的著作充实厚重;华梅的《中国历代〈舆服志〉研究》[24](2015)对《后汉书》及之后中国历代正史中的《舆服志》做了文本研究,梳理了皇家用车制度及其政治、经济和文化的内涵。

以考古资料利用为主的车辆研究在中国始于20世纪30年代,在现代意义上的考古发掘中陆续发现了车马器和车迹。郭宝钧自1932年参与发掘周代古墓开始接触到周代车辆遗存后,便开始结合《考工记》及其注疏与清儒有关车辆的著作,对殷周车辆的结构、名物和功能进行研究,他的《殷周车器研究》[25](1998)即是对其数十年在这一领域研究的总结。王振铎(1911—1992)也于这一时期为了研究殷周车辆而先行研究东汉车辆。20世纪50年代后,人们发现了更多的车马坑,清理剔剥技术逐渐成熟,积累了大量具有完整结构的古代车马的考古资料。1980年,秦始皇陵铜车马的出土,为研究古代车辆提供了极为宝贵的资料。20世纪80年代以来,基于这些考古资料，一批学者的研究丰富了我们对古代车辆的认识，如孙机于80年代和90年代初期发表了多篇关于秦始皇陵铜车马、古代独辀车马以及古代马车系驾法的论文，收录于他的论文集《中国古舆服论丛》[26]（1993）中。张长寿、张孝光的《殷周车制略说》[27]（1986）也是较早发表的殷周车辆研究论文。关于秦陵铜车马的研究论著十分丰富，如刘云辉的《秦陵铜车马》[28]（1986），王学理的《秦陵彩绘铜车马》[29]（1988）和《秦物质文化史》[30]（1994），张仲立的《秦陵铜车马与车马文化》[31]（1994）等。杨英杰的《战车与车战》[32]（1986），吴晓筠和赵海洲关于商周秦汉车马埋葬的研究[33-34]，刘永华的《中国古代车舆马具》[35]（2002）以及萧圣中的《曾侯乙墓竹简释文补正暨车马制度研究》[36]（2011），对于我们认识古代车辆制造技术也十分有帮助。

二、机械技术史视野下的车辆研究

车辆是古代较为复杂的机械，特别是指南车和记里鼓车，由于其独特的功能和令人好奇的实现方式，很早就受到国外学者的关注。1906年，英国人翟理斯（Herbert Allen Giles，1845—1935）在 Adversaria Sinica（《耀山笔记》）杂志上发文，认为中国古代的指南车即为指南针。1909年，翟理斯又与剑桥大学霍普金森（Bertram Hopkinson）在同一杂志上发文，修订旧说，肯定指南车为机械构造。其后，日本的山本山下博士发表《指南车与指南针无关系考》一文，也支持这种观点。1924年，英国人摩尔（A. C. Moule）在 Toung Pao（《通报》）上发表 The Chinese South-pointing Carriage（《中国之指南车》）一文，在翟氏和霍氏研究的基础上，推测指南车的传动机构[37-38]。

现代意义上的机械技术史研究在中国始于20世纪20年代，最初对于车辆的研究与国外无异，以指南车和记里鼓车为主，研究的核心是"指南"和"记里"机械装置的内部结构和原理，而非"车"本身。研究路径是以文献考据为主，辅以考古资料旁证，用现代科学原理去理解，然后对其进行复原。1925年，张荫麟（1905—1942）将摩尔的文章翻译为中文，题为《宋燕肃吴德仁指南车造法考》[39]，并发表《宋卢道隆吴德仁记里鼓车之造法》[40]一文。刘仙洲（1890—1975）于1933年在《清华周刊》发表《中国旧工程书籍述略(以民国以前线装书为限)》[41]一文,梳理了民国以前中国的工程技术书籍,并做了较为详细的书目提要,如《考工记》《天工开物》《河工器具图说》等,为后人研究古代双轮车、独轮车等不同类型的车辆提供了文献线索。他又于1935年出版了《中国机械工程史料》[42]一书,依据现代机械工程分类方法,整理了古籍中关于工具器械的记载,其中涉及车辆的发明原理、发明人以及"木牛流马"的形制尺度等内容。在《续得中国机械工程史料十二则》[43](1948)中,他又搜集关于指南车和记里鼓车的史料两则。在无数据库的年代,前辈学者只能通过目录学知识在古籍中爬梳钩沉零散的技术史料,甚至有些史料只能在阅读古籍中偶得,故这样的相关专题研究的史料搜集与整理工作实属不易。

王振铎于1937年发表《指南车记里鼓车之考证及模制》[44]一文,以丰富的史料、严谨的考证,系统而详细地论述了指南车发明的社会条件、发明人、发明年代,以及指南车和记里鼓车的形制、尺寸、构造原理和轮系离合机制,并在英国人翟理斯、霍普金森和摩尔的研究基础上,将岳珂《愧郯录》和《宋史·舆服志》中所载燕肃、卢道隆的指南车和记里鼓车制作成模型。他还在绪言中提出研究和复原古代器械的三条准则:"一曰:以科学所指示吾人之定理为原则。二曰:以其本身之特征为条件。三曰:以其他辅助材料为旁证。"

自20世纪50年代中期起,中国的技术史研究进入建制化的发展阶段[45-46]。车辆制造技术史研究在这种背景下得以进一步推进。

刘仙洲1962年出版了《中国机械工程发明史(第一编)》[47],系统整理了中国古代在简单机械的各种原动力及传动机械方面的发明创造,勾画出中国古代机械工程技术发展的大致脉络,堪称中国古代机械史研究的奠基之作。翌年,他又出版了《中国古代农业机械发明史》[48]。这是第一部全面论述中国古代在整地、播种、中耕除草、灌溉、收获与脱粒、加工以及农村交通运输等方面机械成就的著作。该书第七章为农村交通运输机械,整理了关于中国车的创始的古籍文献记载和考古资料;介绍了元代王祯《农书·农器图谱》所载的大车、下泽车、拖车以及当时农村的大车、拖车和轿车的形制和使用情况;着重论述了古籍和传世画作中以及当时农村仍在使用的独轮车的不同名称、形制特点和使用方法;梳理了古籍中关于"木牛""流马"的记载,认为它们均为独轮车,并辅以汉墓画像砖石和壁画资料论证独轮车的发明时间。1964年,他又发表《有关我国古代农业机械发明史的几项新资料》[49],其中涉及独轮车的研究资料,一是山东济南东郊独轮车加帆使用实例,二是汉墓画像砖石。他依据后者将独轮车的发明年代推至西汉晚期。

经过半个多世纪的研究及复原,王振铎复原并陈列于诸多博物馆的古代器械,总数有76种之多[50]。他暮年结集出版的《科技考古论丛》[51](1989),辑录了14篇论文(1937—1984年发表),集中反映了他在这一研究领域的卓越成就。他开创了古代科技器械复原研究的范式,"从事这一研究,既要有史学、考古学、考据训诂的深厚功底,又必须具备广博而深入的自然科学与工艺技术的素养,并且要善于把这两个方面有机地结合起来,才能使复原研究置于可靠的科学理论和工程技术知识的基础之上,才能经得起历史和时间的检验"[52]。他的遗著《东汉车制复原研究》[53](1997),主要内容是其1939年完成的,1964年进行了部分修订,由李强整理并增补部分章节。他综合利用了汉代文献、汉墓出土的画像砖石、缩微车辆明器和车马以及民间传统车辆调查资料,对大车、鹿车、辂车、轩车、辎軿、安车的名称、形制以及部件名称进行考订,纠正了东汉以后学者在文献中使用这些名称的讹误,并复原了模型。

英国人李约瑟(Joseph Needham,1900—1995)主编的鸿篇巨制《中国科学技术史》中《第四卷 物理学及相关技术》的《第二分册 机械工程》[54](英文版1965年出版,中译本1999年出版),是由其本人在王铃的协助下撰写的。该分册论述了中国古代工匠、工具、材料、基本机械原理、各种固定机器和车辆、原动力及其应用等多方面的内容。作者同刘仙洲、王振铎一样,具有出色的文献考据功力,并善于充分利用考古资料和技术人类学调查资料。他基于前人研究,介绍了车轮和车辆的起源与技术传播、有轮车辆演变的技术路径等情况,论述了车轮的特殊结构,从力学角度对其结构原理做了分析,并对单辕双轮车和双辕双轮车在中国的起源和演变做了考证,梳理了独轮车、指南车和记里鼓车的文献记载。

陆敬严、华觉明主编的《中国科学技术史·机械卷》[55]（2000），继承了刘仙洲、王振铎的研究思路，对中国历代机械的发明、应用与技术发展进行了翔实的史实考证和描述，并做了全面的评价。该书综合了几十年中国古代机械工程史的研究成果，代表了当时机械工程史研究的学术水平。对于车辆结构、零部件连接及其力学分析书中均有论述，但分散于各个章节，集中探讨的是系驾法以及秦陵铜车马的结构和制作工艺。陆敬严2012年又出版了《中国古代机械文明史》[56]。该书是一部通史性专著，以历史年代为经，以机械分类、重要人物和科技名著为纬，系统论述从远古时期到1949年中国机械在各时期的发展状况、主要特点和互动关系。书中对不同时期的运输机械均有涉及，从车的起源、战车与车战到秦陵铜车马的结构与制作，从独轮车到指南车和记里鼓车，再到木牛流马，既有严谨的史实考证，也有深沉的思考和独到的评论。

三、传统工艺调查研究视野下的车辆研究

对某一时代存在的技术进行调查与记录，古人早已为之，《考工记》《天工开物》等技术典籍即是代表。秦汉以来，文人士大夫对技术多无兴趣，"甚至讥其淫巧而不肯为，鄙其卑下而不屑为"[57]。故留下的技术调查文献十分有限。值得庆幸的是，这两本古籍均有关于车辆制造技术的记载。

近代以来，最先对中国传统工艺进行调查的是西方学者。德裔美国学者鲁道夫·P.霍梅尔（Rudolf P. Hommel，1887—1950）1937年出版了《手艺中国：中国手工业调查图录（1921—1930）》[59]（*China at Work: An Illustrated Record of the Primitive Industries of China's Masses, Whose Life Is Toil, and Thus an Account of Chinese Civilization*[58]），汉译本2011年12月出版），该书是作者在1921—1930年（1927年在日本近一年）到中国调查传统手工技艺后写成的，他用照相机和文字翔实而细致地记录了当时的手工工具和器物，并对其进行了测量。他按莫瑟博物馆所采用的18世纪工具分类法，将调查所得分为五类：制作工具或铁器，食物，衣物，建筑，运输。成书的章节安排与此相一致。在运输工具一章，他对江西的独轮车和无辐双轮牛车以及山东的有辐双轮轿车做了描述，内容涉及车辆的形制、结构、连接、使用

和部分重要零部件的尺寸。

日本侵华时期,出于经济、政治、军事目的,日本人对中国东北、华北地区等地的农业、手工业等方面进行实地调查,并出版了调查报告。1928年出版的《满蒙的马车》,翔实而细致地记录了马车、牛车、独轮车的制作技艺信息。中田圭治于1940年出版的《实地报告·华北农业机具》以及二瓶贞一和松田良一于1942年出版的《关于华北农具的调查》,内容均涵盖了对华北地区农业运输机械的调查,如河北邯郸地区马拉和牛拉的大车、轿车、独轮车、排子车等[60-61]。渡部武对这两份调查报告做了解说,并于1995年将其合编为《华北的传统农具》[62]一书。日本人所作的农业和农具的调查报告还有《山东省惠民县农村调查报告》《华北农村概况调查报告》等[63]。

王振铎为研究和复原古代车辆,自20世纪30年代至60年代中期对全国多地的独轮车、大车做过调查[64]。李约瑟在撰写机械工程分册时,于1943年和1958年先后调查了甘肃的双轮轿车和陕西、四川的独轮车。刘仙洲为研究古代农业机械发明史,也曾亲自或委托他人对民间农业机械做过调查。1958年起,全国农村发起工具改革运动[65]。为了交流农具改革的经验,原农业部先后编写了《农具改革·第一辑(三秋农具)》[66](1958)和四卷本的《农具图谱》[67](1958),汇集了当时全国各地使用的和新改进的农耕工具、运输机械等。此后,各省相关部门也编写了类似书籍,如四川省农业工具改革和半机械化现场会编的《农业工具改革和半机械化农具图谱·交通运输工具　养路工具　农田基本建设工具》[68](1960)和吉林省农业机械厅与吉林省农业机械研究所编的《吉林农具图谱》[69](1960)。这些农具改革书籍介绍了各种类型的农业运输用的独轮车和双轮车的结构、尺寸、性能、产地、用途及成本等方面的内容。

20世纪80年代,华觉明、谭德睿、祝大震等先生向国家有关部门呼吁保护和开发传统工艺,还于1995年发起成立了中国传统工艺研究会,大部头的《中国传统工艺全集》编撰计划也于90年代初开始酝酿和准备,越来越多的科技史学者投身于这个领域。张柏春、冯立昇(升)等学者90年代起即有选择地对民间传统工具器械进行调查研究,经过十多年的积累写成《中国传统工艺全集·传统机械调查研究》[70](2006)一书。他们对传统机械

及其制作技术进行文字描述、影像记录、工程测绘和现代科技分析,并通过古籍文献追溯其历史。这样深入细致的工作,逐渐成为比较成熟的传统机械调查研究范式,使得这一领域的研究在理论和实践上均得到极大推进。尹绍亭的《云南物质文化·农耕卷(上、下)》[71](1996),介绍了云南彝族、壮族、傣族等民族使用独轮车和双轮车的情况。

2003年1月,文化部①启动了中国民族民间文化保护工程。同年10月,联合国教育、科学及文化组织大会在巴黎举行的第32届会议上通过了《保护非物质文化遗产公约》。2004年8月,中国正式加入这一公约。在这样的背景下,2005年,国务院办公厅下发了《关于加强我国非物质文化遗产保护工作的意见》。非物质文化遗产保护进入国家文化制度体系后,得到社会各个层面人士的关注和认同。2006年至2021年,我国已公布五批国家级非物质文化遗产代表性项目名录。按照原文化部规划的"国家+省+市+县"4级保护体系,各级地方政府文化部门也建立了自己的非遗代表性项目名录。这无疑为学界的进一步深入调查研究提供了广泛的线索。

2006年起,一些学者对蒙古族的传统工艺做了调查研究,如蒙古包、蒙古靴、马头琴、勒勒车等,《勒勒车传统制作工艺调查》[72]一文叙述了勒勒车使用的历史概况及其制作工艺流程。德红英[73](2006)的硕士论文对达斡尔族木轮车做了民俗学研究。特木尔布和[74](2015)的硕士论文(以蒙语写成)对内蒙古自治区赤峰市阿鲁科尔沁的蒙古族勒勒车制作技艺及民俗做了调查研究。2008年,冯立昇、黄兴等对河北张家口地区的木轮大车制作技艺做了调查[75]。

需要说明的是,关于传统车辆的研究得到史学、考古学、科技史、古文字学、艺术史、民俗学等领域学者的关注,著作、学位论文、期刊等类型的研究成果十分丰富,以上仅是笔者结合自己的研究所接触到的大部分论著。

综上所述,前人对传统车辆做了广泛而深入的研究,主要利用的研究资料是古籍和考古资料,研究的内容涉及车辆形制、名物、设计、工具、选材、功能、使用、礼制、埋葬等多个方面。

---

① 2018年3月,国务院组建文化和旅游部,不再保留文化部。

车辆制造技术史研究可以从三个方面着手：一是对现存传统工艺进行全面、系统、深入的调查，记录完整的工艺流程和技术细节；二是借助调查资料对文本和实物资料做进一步分析；三是进行模拟复原实验，做力学分析和机械性能测试，通过科技认知复原古代制作工艺。本书做了以下研究：

(1)对目前尚存的传统制车技艺(其中已经发现并具有代表性的为陕西、河南、内蒙古等北方地区的传统技艺)进行调查，以民族志研究方法，翔实记录其制造工艺流程，对工具、设备和产品进行拍照及测绘，以口述史的方法对主要传承人进行访谈，记录他们的工艺流程和传承谱系。

(2)基于近现代方志等不同类型的史料，追溯各调查对象的历史，并探究传统车辆现代变迁的动因。

(3)对古代典籍和考古资料做进一步分析，结合已有研究，厘清中国古代制车技术的大致发展脉络。

第二章 中国古代车辆的起源及演变

第一节
车辆的起源

车辆是何时发明的？发明者为谁？起源地在哪里？车辆的最初形制是什么样的？发明的社会背景、技术条件和过程是怎样的？这类有关古代技术发明的起源问题是非常重要的学术问题，但提出容易，解决困难，由于年代久远，文献和考古资料不足，很难找到可靠、充足的证据来论述。

一、中国古车出现的时间——传说和考古发现

学术界关于中国古代车辆出现的时间存在很大的争议，提出的上限在远古传说的黄帝时代（约公元前2550—前2450[76]），下限在商代后期（约公元前1300—前1046[77]）。前者的依据主要是传世文献中的传说，对车辆发明人有四种说法：黄帝、禹（约公元前2140—前2095[78]）、奚仲和吉光，其中年代最早的为黄帝。奚仲为夏代车正，即掌管车辆之官。《左传·定公元年》记载："薛之皇祖奚仲，居薛以为夏车正。奚仲迁于邳，仲虺居薛，以为汤左相。"[79]西汉刘安和他的宾客共同编著的《淮南子·齐俗训》记载："故尧之治天下也，舜为司徒，契为司马，禹为司空，后稷为大田师，奚仲为工。"[80]可知奚仲与禹处于同一时代，奚仲应在夏代禹时已是车正。《山海经·海内经》记载："番禺生奚仲，奚仲生吉光。"[81]总之，禹和奚仲为君臣关系，奚仲和吉光为父子关系，他们生活于同一时代，即公元前21世纪前后。

关于黄帝发明车辆的传说主要见于东汉以后，东汉班固的《汉书·地理志》记载："昔在黄帝，作舟车以济不通，旁行天下。"其认为舟车皆为黄帝发明或发明于黄帝时代。三国时期蜀汉谯周（约201—270）的《古史考》记载："黄帝作车，引重致远，其后少昊时驾牛，禹时奚仲驾马。"[82]该书约在宋代已经亡佚，现有清代学者章宗源的辑佚本，据作者考证古史，黄帝发明了车辆，少昊（为黄帝之子）时用牛驾车，禹时奚仲用马驾车。《史记·五帝本纪第一》记载："黄帝者，少典之子，姓公孙，名曰轩辕。"黄帝的名字为轩辕，轩和

辕均为车辆的部件,黄帝之名与车关系密切。

关于禹发明车辆的传说,先秦文献记载很少,战国中期军事家孙膑的《孙膑兵法·势备》记载:"故无天兵者自为备,圣人之事也。黄帝作剑,以陈(阵)象之,羿(羿)作弓弩,以埶(势)象之。禹作舟车,以变象之。汤武作长兵,以权象之。凡此四者,兵之用也。"[83]孙膑在此论述军事力量的准备,并用剑、弓弩、舟车和长兵作比喻,他提到圣人才能发明武器,黄帝发明了剑,禹发明了车辆和船。西汉司马迁《史记·夏本纪》记载了夏禹的出行方式,"陆行乘车,水行乘船,泥行乘橇,山行乘檋"[84]。该段文字虽未具体记述车辆由何人于何时发明,但说明禹的时代已经开始使用车辆了。

关于奚仲发明车辆的传说,在战国时期流传广泛。《墨子·非儒下》:"儒者……又曰:'君子循而不作。'应之曰:'古者羿作弓,伃作甲,奚仲作车,巧垂作舟,然则今之鲍、函、车、匠,皆君子也,而羿、伃、奚仲、巧垂,皆小人邪?且其所循人必或作之,然则其所循皆小人道也?'"[85]该书内容包括战国时期墨子自著和弟子讲述墨子言论两部分,该段讲墨家学派驳斥儒家思想的论述,用古代发明家创造器物作为例证,其提到奚仲发明车辆,巧垂发明船。《荀子·解蔽》记载:"故好书者众矣而仓颉①独传者,壹也;好稼者众矣,而后稷独传者,壹也;好乐者众矣,而夔独传者,壹也;好义者众矣,而舜独传者,壹也。倕作弓,浮游作矢,而羿精于射;奚仲作车,乘杜作乘马,而造父精于御。自古及今,未尝有两而能精者也。"[86]该书为战国时期儒家学者荀况(约公元前313—前238)所著,此段内容是作者用古代各发明家的事例论述专一精神,其中提到奚仲发明车辆,乘杜首先用马驾车。《世本·作篇》记载:"黄帝造火食……黄帝作旃……黄帝作冕……胲作服牛……腸作驾……共鼓、货狄作舟……相土作乘马……奚仲作车。"[87]《世本》为先秦古籍,作者和成书年代皆不可考,散佚后,后世学者多有辑录。其中的《作篇》专讲技术发明传说,其中提及奚仲发明车辆,相土发明用马驾车,胲发明用牛驾车。《吕氏春秋·审分览》:"奚仲作车,苍颉作书,后稷作稼,皋陶作刑,昆吾作陶,夏鲧作城。此六人者所作当矣,然而非主道者,故曰作者忧,因

---

① 仓颉,姓侯冈,名颉,号史皇氏,世称仓颉、苍颉。

者平。惟彼君道,得命之情,故任天下而不强,此之谓全人。"[88]该书约写成于公元前239年,作者用奚仲、仓颉等人发明创造事物举例,认为臣民做这些事很适宜,但不是君主该做的,君主应守君道(清静无为)。此处不同于后世传说将众多事物发明权归于某一上古帝王,反而认为这不是帝王为君之道。《管子·形势解》记载:"奚仲之为车器也,方圜①曲直,皆中规矩钩绳,故机旋相得,用之牢利,成器坚固。"[89]该书名为《管子》,但非春秋时期管仲所作,而是成于众人之手,大部分内容写成于战国时期。此处作者用奚仲善于制车作比喻,说明英明的君主如何治国理政。战国晚期韩非子(约公元前281—前233)的《韩非子·用人》记载:"释法术而心治,尧不能正一国。去规矩而妄意度,奚仲不能成一轮。废尺寸而差短长,王尔不能半中。使中主守法术,拙匠守规矩尺寸,则万不失矣。君人者,能去贤巧之所不能,守中拙之所万不失,则人力尽而功名立。"[90]该段作者欲论述法律的重要性,用工匠制器造物作类比,也提到奚仲做车轮。西汉陆贾(约公元前240—前170)的《新语·道基》记载:"川谷交错,风化未通,九州绝隔,未有舟车之用

以济深致远,于是奚仲乃桡曲为轮,因直为辕,驾马服牛,浮舟杖楫,以代人力。"陆贾生于战国时期,历经秦、汉两代,该书是给汉高祖刘邦写的谏书,其在开篇追述上古圣人的发明创造,提及奚仲发明了车辆,并用牛和马驾车。

关于吉光发明车辆的传说主要见于《山海经·海内篇》:"帝俊生禺号,禺号生淫梁,淫梁生番禺,是始为舟。番禺生奚仲,奚仲生吉光,吉光是始以木为车。"该书成书于战国初年到西汉初年这一时期,该段内容将舟和车的发明权归于奚仲的父亲和儿子,很可能奚仲家族是工匠世家。

总之,先秦诸子多采用奚仲创制车辆等圣人造物之事来作类比或举例来论述自己的观点,均间接提及这一传说。只有《世本·作篇》专门记述古代发明的传说,但从侧面可以看出,在战国时期奚仲发明车辆的传说流传十分广泛。《孙膑兵法》将车船发明权皆归帝王禹,《山海经》将车船发明权归于奚仲的儿子和父亲,这两个传说皆是孤证,说明其流传不广,而且《山海经》的记载也说明车辆的发明和奚仲密切相关。而黄帝发明车辆的传说

---

① 圜,同"圆"。

主要见于东汉以来的文献,要比战国时期广为流传的奚仲发明车辆的传说晚了500年左右,显然后者更为可信。传说如果依据的是口口相传,那么从逻辑上讲,年代越早越可信,若有文献记载可依,那么先秦时期可见的书籍或档案比东汉应更为丰富、更为可靠。

中国古代车辆出现时间下限的依据主要是考古发掘的车马遗迹、出土的车马器以及甲骨文和金文,实物证据比较可靠,学界对此没有争议。据唐际根统计,20世纪共发现商代晚期的车马坑近60座[91],出土地分别位于河南安阳、陕西西安和渭南、山东滕州和青州以及山西灵石。21世纪以来,又发现了近20处商代晚期车马遗迹,如山西浮山桥北村2辆(位于M1和M18两座大墓的墓道中)[92],河南安阳殷墟有16座以上车马坑[93]。商代甲骨文中有不同字形的"车"字,均为象形字,像车的轮、轴、辀、舆、轭等零部件之形,而且有一块殷墟早期卜骨记载了商王外出狩猎一事,"甲午王往逐兕小臣甾车马硪驭王车子央亦坠"[94],卜辞所记事项为商王武丁狩猎时,有一个臣下的马车撞上商王的马车,名叫子央的人从车上坠下。李学勤认为商周君主狩猎带有军事演习性质,可以推知当时战争也用车,另据殷墟晚期的一块肋骨刻辞,其记载了小臣随王征伐获胜,并俘虏两辆车[95]。也就是说商代武丁时期(公元前1250—前1192)已出现马拉战车。

除了上述车马遗存这样的直接证据外,考古发现中还有一些间接证据,即铸造车马器所用的陶范和车辙,可将中国古代车辆出现年代进一步提前。在河南省郑州市郑州商城北墙外的铸铜遗址(位于二里岗上层,年代为二里岗文化晚期)出土了2件偏长方形的陶范,其上有两个并列的半圆形印痕,胡谦盈判定其为"车轴头范",即铸造青铜车軎的外范[96]。在河南省洛阳市偃师商城东北隅城内发现两道与城墙并行的凹槽,口部宽约0.2米,两道凹槽相距约为1.2米,且槽内土质坚硬,考古发掘人员判定其为车辙痕迹,属于商代早期[97]。在河南省偃师市(今偃师区)二里头遗址宫殿区南侧大路上发现两道大体平行的凹槽,槽口宽为0.2~0.32米,两槽相距约为1米,考古发掘人员判定其为车辙痕迹,属于二里头文化早期[98]。"夏商周断代工程"将夏代始末年暂定为公元前2070年至公元前1600年,并依据^{14}C测年给出二里头遗址的绝对年代范围约为公元前1880年至公元前

1521年，由此可推断考古学二里头文化早期大致为夏代中晚期。所以，在夏代中晚期，即公元前18、17世纪，中国古代车辆已有应用，这与文献记载中传说奚仲作车的时间较为接近，从而提升了奚仲时代已有车辆的可信度。

此外，先秦文献中还有关于商汤使用车辆作战的记载，《墨子·明鬼下》记载："汤以车九两，鸟陈雁行。汤乘大赞，犯遂下众，人之螭遂，王乎禽推哆、大戏。"《吕氏春秋·简选》记载："殷汤良车七十乘，必死六千人，以戊子战于郕，遂禽推移、大牺，登自鸣条，乃入巢门，遂有夏。桀既奔走，于是行大仁慈，以恤黔首，反桀之事，遂其贤良，顺民所喜，远近归之，故王天下。"可以作为夏末商初甚至更早即已有车辆的旁证。

综上所述，中国古代车辆出现的年代应不晚于夏代中后期，而且极有可能在夏禹时代（奚仲时代）即已经出现。

二、起源之争

国内外学者对中国古代车辆起源这一问题的看法不一，主要观点有二：或认为是本土起源，独立发明，即"中国独立起源说"；或认为起源于西方，传播至中国，即"西来说"。

（一）"中国独立起源说"

孙机[99]（1984）对中国古马车系驾法进行了深入研究，并与两河流域、埃及、高加索地区的相关考古资料比较，认为西方早期主要采用颈带式系驾法，而中国早期使用的是轭靷式系驾法，两者差别很大，从而否认"西来说"。翟德芳[100]（1988）收集了中国商周时期古车与两河流域、埃及等地中海沿岸地区早期古车的考古资料，以及中亚、西伯利亚、蒙古地区等地车辆岩画资料，经过比较研究，他指出中国早期和地中海沿岸地区早期的古车形制有诸多差异（如车轮数量、轮辐数量、轮径大小、车舆形状和位置、车辕形态等），特别是系驾法差异很大（论证与孙机相同），而且无论古车还是马具（主要是马衔和马镳）的产生年代虽然在美索不达米亚①地区出现的时间

---

① 美索不达米亚，是古希腊对两河流域的称谓，意为"两河之间的土地"，"两河"指幼发拉底河与底格里斯河。

早于中国中原地区,但是在两地之间的漫长地带(主要是中亚)车辆出现的时间均较两地晚,也就是说车辆自西向东的传播路线中间环节证据不足,从而他认为中国和西亚的车辆分属两个系统,支持"中国独立起源说"。杨宝成[101](2002)对商代马车的出土资料做了系统梳理,并对形制尺寸数据进行统计和分析,他依据出土的商代早期车辙、铜车䡅等车马文化遗存、先秦文献记载、商代古车构造的本土文化特色等方面,否认马车"西来说"以及"中国文明西来说"。杜勇[102](2013)、王星光[103](2005)、朱彦民[104](2014)等学者也持"中国独立起源说",但无论是对"西来说"的质疑还是对"中国独立起源说"的举证并未超越前人太多。

林梅村的《青铜时代的造车工具与中国战车的起源》[105](2000)一文,以青铜时代的造车工具为研究对象,收集了大量的考古资料和文献资料,对造车工具的种类、形制、使用、定名以及起源等方面做了研究。他认为造车工具在夏代即已存在,通过与巴比伦、印度、埃及、安纳托里亚的青铜工具比较可知,它们分属不同的文化系统,从而对"中西战车同源说"提出质疑。他还进一步从家马起源和古代岩画两方面的论述来分析中国战车的起源,认为中原造车最初兴起于中国西北(甘肃灵台和宁夏泾源),因为夏代车正奚仲为奚族人,即来自这一地区。

(二)"西来说"

西方及日本学者多数主张中国车辆"西来说"。20世纪90年代以来,越来越多的中国学者也接受了这一观点。林巳奈夫的《中国先秦时代の馬車》[106](《中国先秦时代的马车》,1959)一文和李约瑟的《中国科学技术史·机械工程》分册(1965)皆认同此说。随着欧亚大陆考古资料的丰富,特别是高加索地区和中亚等地,进一步增进了我们对东西方早期文明交流的认识。英国爱丁堡大学考古学教授斯图尔特·皮戈特(Stuart Piggott)一直从事早期陆路交通工具史的研究,先后出版了 *The earliest wheeled transport: from the Atlantic coast to the Caspian Sea*[107](《最早的有轮交通工具,从大西洋海岸到里海》,1983)和 *Wagon, chariot, and carriage: symbol and status in the history of transport*[108](《货车、战车和客车:在交通史上的象征与意义》,1992)。在前一本书中,他收集了大量不同类型与车有关的考古资料(发掘出土的车辆遗存和模型、器物上的刻画图案、岩画、象形文字等),地域范围包括欧洲、俄罗斯西部和西亚部分地区(主要是两河流域、高加索地区),年代跨度从公元前4千纪末期到罗马帝国的建立,尝试厘清欧洲和西亚不同类型有轮车辆出土的时空分布状况。在后一本书中,他主要研究的对象为君主和贵族的交通工具(包括马),关注史前时期和历史时期的联系与欧亚大陆东方与西方的联系。他的《高加索和中国的战车》(Chariots in the Caucasus and in China[109],1974)一文专门就高加索地区和中国出土的历史早期车辆做了比较研究,发现两地出土车辆形制特点十分相似,从而认为二者之间存在着联系,且中国晚商时期的车辆受到了高加索地区车辆的影响。他的研究主要是基于亚美尼亚考古学家的考古发掘资料。他们在亚美尼亚东部塞万湖沿岸的拉琛(Lchashen)地区发掘的9号墓和11号墓中出土有两辆双辐轮战车,因其被水淹没,从而木质结构得以保存相对较好。11号墓出土的1号战车轮径为0.98米(9号墓出土的2号战车轮径为1.02米),轮毂长43厘米,轮辐数为28根,轮辋为两个半圆形弯木拼合而成

图2-1 拉琛地区发掘的11号墓中的1号战车

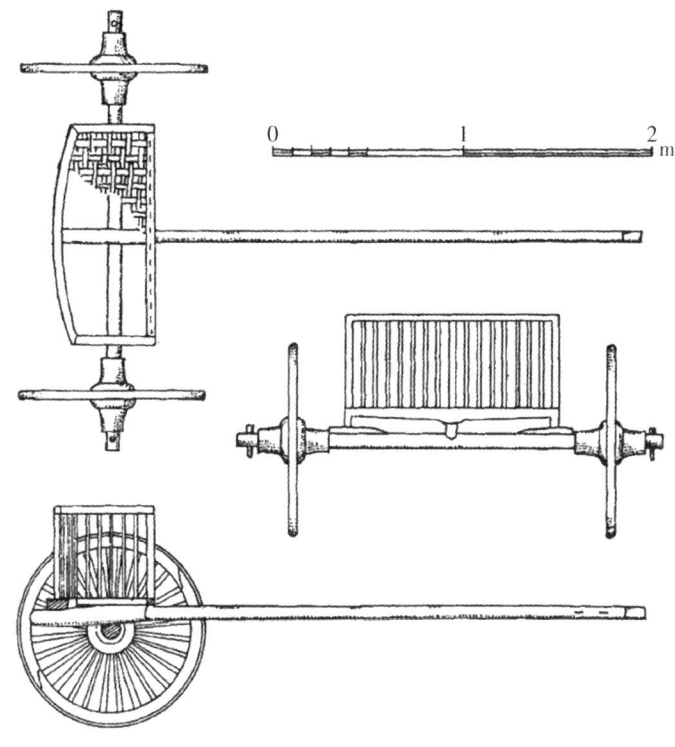

图 2-2　拉琛地区发掘的 11 号墓中的 1 号战车复原图

（应为鞣制）。1号战车发掘后的照片和复原图见图2-1和图2-2。^{14}C测年判定其年代为公元前1250年±100年，校正为公元前1500年左右。

美国芝加哥大学历史学教授夏含夷（Edward L. Shaughnessy）撰写了《中国马车的起源及其历史意义》[110]（英文原稿首次发表于1985年美国历史学会年会）一文，他认为马车在公元前1200年前后从西北传入中国，并且在晚商时期用于狩猎或象征权位，而战争中仅被当作机动指挥台，直到西周才广泛应用于战争。他依据的主要考古资料为上文所述拉琛地区出土的两辆战车，以及从高加索地区到帕米尔高原、蒙古高原的岩画，通过形制和工艺的比较，认为具有一致性，由此判断，中国晚商马车源头在两河流域，传入途径为中亚地区和中国西北。他进一步依据西文文献与甲骨文、金文以及春秋时期文献，分别考证了在近东和中国战车兴起、全盛和衰落的历史，认为马车传入中国时为兴起阶段，并未用作"坦克式"战车，可以作为"西来说"的旁证。

李学勤的《中国和中亚的马车》[111](1997)一文,一方面根据上文提及的考古资料,认为从中亚到内蒙古岩画上的马车,在构造和系驾法上与中国晚商的马车一致,所以同意其与拉琛地区出土的战车有一定关系,但是与西亚的车有很基本的区别,二者的源头未必来自西亚。另一方面,他依据先秦文献记载,认为中国牛车起源较早,夏商时期即已存在。

王巍的《商代马车渊源蠡测》[112](1998)一文对拉琛地区出土的战车和中国晚商的马车做了比较研究,具体指出二者在形制上的相似之处,并推测了两条传播路线:一条大致为从西亚,经西伯利亚草原,到蒙古草原,再到华北平原;另一条为从两河流域,经中亚,到中国新疆,再经甘肃、青海,或者经内蒙古中西部,到晋北、陕北,最后抵达中原。

王海城的硕士学位论文《东西方早期马车的比较研究》[113](2000),从马车的形制、制造、使用与社会功能,家马起源和欧亚大陆早期文化交流的历史背景等几个方面,对东西方的马车进行了综合性的比较研究,认为东西方马车的制造工艺皆以輮木、胶合与榫接为基本特征,形制上多有相似之处,马车用作战车在早期均很有限。他所论述的问题和观点与夏含夷大体一致,但他进一步提供了证据,证明中国中原地区家马起源较晚,而西北地区先出现家马。总之,他认为中西马车同源,且西方马车起源较早,所以中国马车源于西方。

综合前人对中国古车起源的已有研究,我们对车辆有了如下认识:

一是据目前的考古发现,车辆最早出现于中东两河流域或高加索地区,年代不晚于公元前4千纪晚期(图2-3和图2-4);车轮最早为辁轮(实心木轮,无轮辐),或为单独一块木板制成(图2-5),或为三块木板拼合而成(图2-6至图2-8);四轮车的出现要早于双轮车(图2-9);辐轮出现于公元前2000年以后,轮辐最初数量较少,多为4根或6根;公元前7世纪中期以前已有"H"形轮辐在古希腊出现;用于拉车的牲畜,牛要早于马;单辕车的出现要早于双辕车。

二是关于中国古代车辆的出现证据,考古学上最可靠的证据依然是出土的晚商马车遗存,但也有考古发掘资料(车辙、车害陶范等)表明在早商乃至夏代已经使用车辆;先秦两汉文献中关于车辆(包括驯化牲畜)发明与

使用的记载也不能视为虚妄,特别是奚仲作车的传说,已有考古学证据表明其所处时代已有车辆。但是较为确切并有相当说服力的证据还需期待新考古资料的发现。

三是关于欧亚大陆东西方车辆的关系,还有一些疑问。比如传播路线的中间环节,论证主要依靠岩画作为佐证材料,不仅对其准确断代尚有困难,而且对其解读也会出现截然相反的观点;再比如,形制和系驾法的比较,既有共同点,也有差异,争论双方的着眼点不同,得出的观点也相异。总的来说,不仅西方汉学家,越来越多的中国学者也开始接受中国车辆(特别是马车)"西来说"。

图2-3 苏美尔地区泥板书中关于四轮车的象形文字[①]

图2-4 公元前4千纪晚期刻有四轮车图形的陶罐(出土于波兰布洛诺西地区)

---

① 在古代美索不达米亚南部的苏美尔地区(今伊拉克境内)的泥板书中,有表示四轮车的象形文字,年代为乌鲁克四期(约公元前3200—3100),但是图中的两个圆形黑点代表的是两根滚柱还是四个车轮还难以判断。图2-3至图2-9均引自 *The earliest wheeled transport: from the Atlantic coast to the Caspian Sea* 一书。

图2-5　公元前3千纪中期单块木板加工成的轮轮（出土于荷兰的De Eese地区）

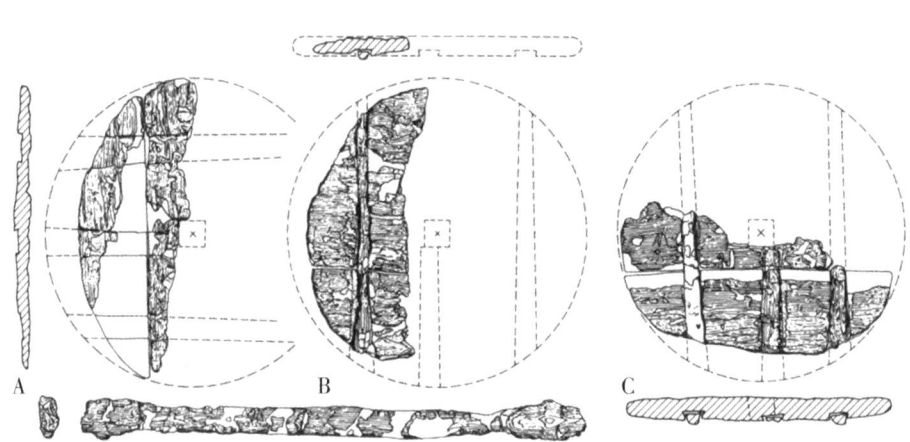

图2-6　公元前3千纪早期由三块木板拼合而成的木轮和车轴（出土于瑞士苏黎世地区）

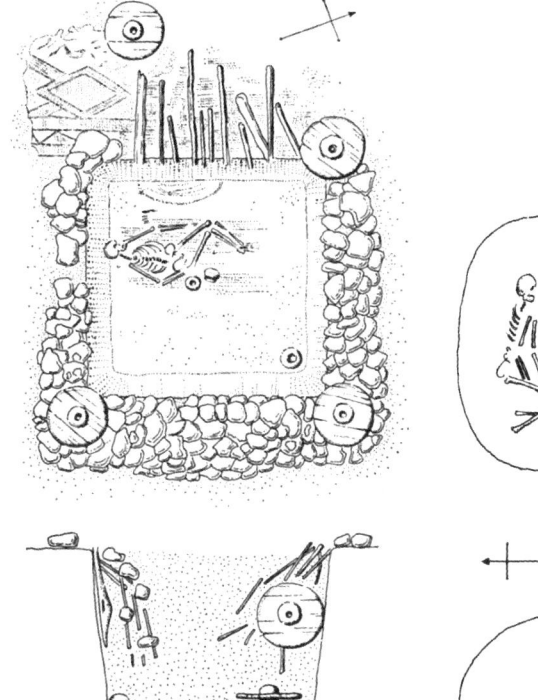

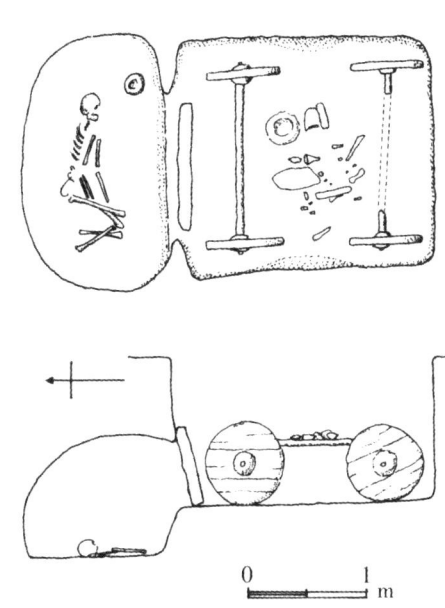

图2-7 公元前3千纪由三块木板拼合而成的木轮（出土于前苏联卡尔梅克埃利斯塔地区）

图2-8 由三块木板拼合成木轮的四轮车（出土于前苏联卡尔梅克埃利斯塔地区）

图2-9 公元前2千纪中期刻画于陶罐上的双轮有辐轮战车图案（出土于前苏联伏尔加河萨拉托地区）

第二节
车辆的演变

根据已有的考古资料可知,商代晚期中国发现的古车多为一车二马,也偶见一车四马和一车二羊的配置,各一例,主要结构特点为两轮(有轮辐)、一轴、一辀(前曲而上)、一舆(栏杆式)、一衡、两轭。车的制作材料以木材为主,少数零件使用青铜,极少数零件使用骨或牙。青铜零件起装饰或加固作用,如位于车辀头部和尾部的辀(辕)头饰和踵饰、位于车轴两端的车軎和车辖、位于车衡的衡饰、位于车轭上的轭饰(轭首饰、轭颈饰、轭箍、轭脚饰)等,这些位置多为木质零件截面裸露的端部或较细的木质零件外表,极易损坏。连接方式主要为榫卯、绑扎等。如前所述(甲骨文卜辞),这些车辆主要被用于商代贵族狩猎、战争等。

造车工具决定造车技术水平,据林梅村的研究[114],早商时期的黄河流域和长江流域即已借用整套造车工具表现车舆的随葬,如河北石家庄市藁城区台西村商墓M14内有一斧、一斤、一刨、一凿、一锯,M17内有一斧、一刨、一凿、一锥,M103内有一斤、一刨、一凿;殷墟妇好墓随葬品中有三斧、六斤、二刨、三凿、二锥、二钻;湖北盘龙城李家咀早商墓M2内有一斧(斨)、一锛、一削、一凿、一锯;山西平陆县前庄二里岗下层遗存也有出土,其年代最早,在公元前1600年左右。他还认为造车工具的起源可追溯至公元前1800年左右的夏代,如山西夏县东下冯遗址已出现空首铜斧、铜斤、铜凿、铜锥等。

依据晚商古车结构、材料、功能及早商的造车工具判断,这种独辀双轮马拉战车的制造技艺至迟在晚商时期已较为成熟。与周至秦汉时期的独辀车对比可知,除车舆外,车轮、车轴、车辀等关键零部件的结构并无重大变化。

商代晚期以降,古车制造技术史中重大技术变革主要有三:一是由独辀车到双辕车的转变;二是由轭靼式系驾法到胸带式系驾法再到鞍套式系驾法的转变;三是独轮车的发明。前两类重大变革孙机已有研究,他认为双辕车最早出现于战国时期,但独辀车在西汉前期依然常见,直到西汉晚期才逐渐被双辕车取代①;独辀车采用轭靭式系驾法,而双辕车采用胸带式系驾法,鞍套式系驾法的出现不晚于元初[115-116]。关于独轮车,王振铎[117]、李约瑟[118]、刘仙洲[119]、史树青[120]和孙机[121]等皆有研究,王在清末学者研究的基础上,同意鹿车即独轮人力推车,并对山东地区的东汉鹿车进行了复原;而李、刘、史认为独轮车至迟创始于西汉晚期,文献记载中的鹿(辘)车、"木牛流马"皆为独轮车,孙还指出"木牛流马"较汉代鹿车更为进步,可以同时采用畜力牵引,且结构和用途也不同。

除了以上重大技术发明外,还有许多技术革新。

一、轮辐数量的增加

已有学者注意到先秦时期古车每个车轮轮辐数量有增加趋势,但并未进行计量分析,笔者依据吴晓筠的"商周时期出土马车尺寸登记表"(对2008年底以前考古发掘出土马车资料的统计)中轮辐数量一项数据做了进一步处理和分析,见表2-1。从表中的数据可知,轮辐数量变化处于递增态势。晚商到西周变化不大,在20根左右;两周之际已开始明显增加,在25根左右;到了春秋战国时期,在29根左右。

表2-1 商周时期出土马车轮辐数量统计

参数	晚商	西周	两周之际	春秋	战国	备注
马车数/辆	17	20	16	47	18	马车数已剔除有疑问的数据
轮辐平均数/根	18.8	20.7	24.7	27.3	29.1	
轮辐数大致范围/根	16~22	18~24	22~28	25~32	26~32	
偶见最大或最小轮辐数/根	26(一例)	—	20(一例)	34、35、44(各一例)	25(一例)、38(两例)	

---

① 宋至明代独(直)辕车仅见于皇帝出行时的仪仗车。

轮辐数量的增多,增加了工匠加工轮毂的难度,在同样的毂径上开凿越多的卯眼,卯眼间距越小,加工难度越大。据吴晓筠的统计,春秋时期轮毂最大直径(纳辐处)为13~22厘米,18~20厘米更为常见。这与《考工记》和秦始皇陵一号铜车马的数据较为接近[①],如按毂径20厘米、辐条28根计算,轮毂卯眼(与轮辐榫头配合)的间距约为2.2厘米,如去除卯眼宽度,卯眼实际间距仅为1.2厘米左右。《考工记·轮人》中关于轮辐榫头和轮毂卯眼尺寸设计的论述说明轮毂卯眼加工难度大,"凡辐,量其凿深以为辐广。辐广而凿浅,则是以大扤,虽有良工,莫之能固;凿深而辐小,则是固有余,而强不足也,故竑其辐广以为之弱,则虽有重任,毂不折"。轮辐数量的增多,还会增加工时和材料成本,但可提升车轮的强度和稳定性,从而改善马车的安全性能,这对需要高速行驶的战车或田猎用车非常重要。西周、春秋时期盛行车战,特别是春秋时期兼并战争愈加频繁,车战达到极盛,不仅表现为战车数量的激增,也表现为战车质量的改善,战争需求促进了军事装备制造技术的进步。

考古发掘出土的秦始皇陵铜车轮辐数量为30根,西汉时期独辀马车轮辐数量为22~32根。据笔者所见,西汉以后的双辕车轮辐数量一般不超过20根,多为18根或16根,或更少,且以偶数为常见。马车用作战车的历史结束后,其主要用于交通运输,如出行代步或载物运输。这类车辆日常行驶速度较低,安全性能自然提升,18根以下的轮辐数量完全可以满足现实性能需求。

二、轮毂的加长和加固

先秦时期马车轮毂多为中间粗(纳辐处)、两端细。以秦始皇陵铜车马

[①]《考工记》中记载毂长等于毂围,但并未直接给出轮毂直径长度。据郑玄解读和计算,兵车(又称"戎车",即战车)毂长为三尺二寸,如按1齐尺等于19.7厘米计算,毂长约为63厘米,那么毂径约为20.1厘米。秦始皇陵一号铜车马为战车模型,约为真车的二分之一,轮毂最大径为9.6厘米,那么真车为19.2厘米。据闻人军研究,东周时期各诸侯国一尺之长不尽相同,主要为大尺系统和小尺系统。大尺为周尺系统的代表是周尺,每尺约合今23.1厘米;小尺系统的代表是齐尺,每尺约合今19.7厘米。《考工记》中的尺度,主要是齐尺。此外,据他解读和计算,毂长为"二尺二寸六分强",如按齐尺计算,毂围约合今44.5厘米,那么毂径约为14.2厘米,所以郑玄的毂长数值与考古发现的更相符。

1号车为例,毂通长为26.7厘米,最大径为9.6厘米,贤端外径为8.2厘米、内径为4.1厘米,轵端外径为4.2厘米、内径为2.1厘米[122]。从商至春秋战国时期,马车轮毂的长度似有加长之趋势,如两周之际的虢国墓出土的马车毂长多为20~28厘米(30、31厘米各一例),春秋早期的虢国墓出土的马车毂长多为36厘米,春秋战国其他墓出土的马车毂长多为35~60厘米(62、64、65厘米各一例),50~60厘米的案例很多。《考工记》论述轮毂长度和直径的设计时,称"毂小而长则柞,大而短则挚""车人为车……毂长半柯(一尺五)……行泽者欲短毂,行山者欲长毂。短毂则利,长毂则安。……柏车毂长一柯(三尺)……"如上文所述,《考工记》中战车轮毂毂长约合今63厘米,大车毂长约合今29.6厘米,柏车(行山之车)毂长约合今59.1厘米。轮毂加长有利于保持车辆高速行驶平稳,车轮不易晃动,这一改进亦与车战盛行有关,对于载重大车(牛车),行驶速度低,可用短毂。后世载重双辕大车轮毂也多为"大而短"。

轮毂毂孔贯轴,需承受传自车轴的载荷,在大车行驶时与轴颈不断摩擦,毂孔内径极易磨损,估计工匠在维修车辆时,采用金属轴承①对其加固,尔后逐渐发展为车辆制作时即配备的零件,每个轮毂配两个,贤端和轵端各一个。此外,与釭配合的还有锏②,形似半圆,安装于车轴轴颈端部(与轴承摩擦部位)之上,以防木质轴颈磨损。釭和锏均为铁质,出现于战国时期,汉以后使用渐为广泛[123]。

三、轮辋制造工艺从"揉"到"锯"

轮辋是有辐车轮处于外缘位置的部件,由数块木质零件首尾相接成圆形。轮辋,《考工记》中称其为"牙","牙也者,以为固抱也"。郑玄注引郑司农云:"牙读如'跛者讶跛者'之讶,谓轮轵也,世间或谓之罔,书或作

---

① 东汉《说文解字》称其为"釭","釭,车毂中铁也",西汉郑司农在注《考工记》时称:"贤,大穿也。轵,小穿也。"东汉郑玄注时认为"凡大小穿皆谓金也。"故也可称其为"车穿",今陕西关中地区依旧称其为"车穿"。
② 《说文解字·金部》:"锏,车轴铁也。"东汉刘熙《释名》:"锏,间也。间釭轴之间,使不相摩也。"《吴子·治兵》:"膏锏有余,则车轻人。"

輮。"[124]《说文解字》:"枒:木也,从木牙声,一曰輞①会也。"《释名·释车》:"輞,罔也,罔罗周轮之外也。关西曰輮,言曲輮也。或曰䡅,䡅,绵也,绵连其外也。"轮輞,东汉以前有牙、輮、輞、䡅诸名,先秦时期主要称其为"牙"。轮輞截面近似为长方形或方形,有些触地面加工为圆角。秦始皇陵出土的一号铜车马,輞宽为4厘米,内侧厚1.4厘米、中部厚2.4厘米、外侧厚2厘米。车马原型的輞宽为8厘米,最厚处为4.8厘米。由此推断,加工前的直木条材料截面近似为长方形,长、宽比为8:5。江苏淮安运河村战国墓出土了一辆木雕鼓车,由于独特的埋葬环境,其木质零部件并未腐朽,是我国出土的迄今为止保存最好的古车实物。该鼓车轮輞宽7.5厘米,内侧厚2.5厘米,两侧为直角,外侧厚1.8厘米,两侧为圆角,中部厚约4厘米。[125]由此推断,加工前的长木料截面应为长方形,长宽比近似为2:1。从商至春秋战国时期,轮輞宽度在4~10厘米,多为6~8厘米,轮輞厚度2~8厘米,多为4~6厘米,长宽比均小于2:1,有不少接近1:1,也就是说趋近方形。

加工圆形轮輞部件的工艺有两种:一种是"輮",即将2根或3根直条木料在加热后用外力弯曲出恰当的弧度,然后首尾拼接成圆形,主要特点是圆形是在外力作用下弯曲出来的;二是"锯",即按预定的轮輞尺寸要求,在板材上画出扇环形,锯割后为多块扇环形零件,然后首尾拼接成圆形,主要特点为圆形是锯出来的。相较后一种,前一种出现的时间早,对材料性能要求高,且不利于材料的充分利用。

1. 輮制工艺

关于輮制工艺,先秦文献已多有记载:

《考工记·轮人》:"揉②辐必齐……凡揉牙,外不廉而内不挫,旁不肿,谓之用火之善。"郑玄注说:"揉,谓以火槁之,众辐之直齐如一也。……参分弓长而揉其一。"《考工记·舆人》:"参分其隧,一在前,二在后,以揉其式。"《考工记·辀人》:"凡揉辀,欲其孙而无弧深。"《考工记·车人》:"渠三柯者三。……行泽者反輮,行山者仄輮;反輮则易,仄輮则完。柏车……其渠二

---

① 輞,《康熙字典》中注为"輞字俗省"。
② 揉,意为用木条变曲;輮,意为使东西弯曲。

柯者三。"郑玄注引："郑司农云：'渠谓车辌，所谓牙。'"由以上记述可知，鞣制工艺在制作轮辐、轮辋、舆轼、车輈等零件时皆需用到，鞣制木材需先用火烤，大车和柏车的轮辋需用3根直木鞣制而成。

《晏子春秋·内篇杂上》："晏子曰：'今夫车轮，山之直木也，良匠揉之，其圆中规，虽有槁暴，不复赢矣，故君子慎隐揉。'"[126]该书成书于战国时期，主要记述春秋末期齐国名相晏婴的相关事迹，其中提到晏子给曾子的临别赠言，他以良匠鞣制车轮作比喻，来说明君子矫正弯曲要慎重。

《周易·系辞下》："包牺氏没，神农氏作，斫木为耜，揉木为耒，耒耨之利，以教天下，盖取诸益。"[127]该书《易传》部分写成于战国时期，其中提到用鞣制工艺制作农具耒。

《荀子·劝学》："木直中绳，鞣以为轮，其曲中规，虽有槁暴，不复挺者，鞣使之然也。"[128]该段内容所言鞣制车轮内容与上文《晏子春秋·内篇杂上》类似。

关于鞣制工艺的考古发现证据如下：

江苏淮安运河村战国墓出土的木雕鼓车，车轮辋由两根长短不同的辋块拼接而成，长者约230厘米，短者约60厘米，连接方式为"直口对接"（笔者理解为非榫卯连接，主要通过轮辐的固定来保证其相对位置稳定）。由该车保护与修复报告可正确地判断出"此车轮牙是先用一根条木鞣制，其不足圆处，另外接木"[129]。

陕西长安张家坡村西周井叔家族墓地出土的马车均为拆车葬，在M157北墓道的27号车轮，发现有4枚"U"形青铜牙饰，每两枚一组，分列于轮牙两边，且顶端上有孔，用铜钉固定在轮牙上[130]。由此推测，该车轮轮辋采用的是两根直木鞣制而成，在拼接处用青铜牙饰加固。与之类似的还有河南鹤壁市辛村（原属浚县，后划归鹤壁市）西周卫国墓地，该墓地第3号大型车马坑出土古车14辆，不少车轮带有牙饰，有的每轮4枚，有的每轮2枚，有的没有牙饰，共计出土牙饰44枚，其中第6轮的4枚牙饰保持原位，彼此对称，距离130厘米，彼此相距4~6厘米。牙饰为"U"形，带有2个、3个或4个孔[131]。陕西陇县边家庄五号春秋墓发掘出土人力辇车1辆，其轮牙上有铜牙饰，共3件，截面呈"U"形，正面近似梯形，上长9厘米，下长8厘米,截面上宽2厘米、下宽3厘米、厚0.2厘米。由发掘人员所绘墓室剖面图可知,其中一轮有两个铜牙片,且位置相对[132]。由此可判断该车轮轮牙是由两个半圆形零件拼接为正圆形。

山东嘉祥洪山村画像第1石[133]描绘了汉代造车匠人制造车轮的场面,见图2-10,匠人单膝跪地,左手拿斧,右手持凿,加工轮辋上的卯眼,他的前面是一个车轮组装的半成品。通过画像可判断,单个轮辋零件厚度较小,外弧线较长,为整个轮辋的1/3或1/4,这种形制对应的轮辋加工方法为輮制工艺。

图2-10 山东嘉祥洪山村画像第1石

2. 輮制工具——檃栝①

将直木輮制为圆弧形,且要调整为正圆形,技术难度较大,当时的工匠必然会借助某种特制工具,这种工具即为先秦文献中所说的隐栝(或檃括)。如上文所述,《晏子春秋·内篇杂上》提到"隐揉"一词,"隐"为何意?《说文解字·木部》云:"檃,栝也。"徐锴传释:"此即正邪曲之器也。"先秦以及西汉文献多处提到檃栝:

(1)《韩非子·难势》:"夫弃隐栝之法,去度量之数,使奚仲为车,不能成一轮。无庆赏之劝,刑罚之威,释势委法,尧、舜户说而人辩之,不能治三家。"该段内容是作者用制造车轮所用工具和方法来比喻,强调赏罚的重要性。我们可以知道制造车轮要使用檃栝,并进行准确的计算来确定恰当的尺寸。

(2)《韩非子·显学》:"夫圣人之治国,不恃人之为吾善也,而用其不得为非也。……夫必恃自直之箭,百世无矢;恃自圜②之木,千世无轮矣。自

---

① 檃,亦作"㯮""檼""隐";栝,亦作"括"。
② 圜,同"圆"。

直之箭、自圆之木,百世无有一,然而世皆乘车射禽者何也?隐栝之道用也。虽有不恃隐栝而有自直之箭、自圆之木,良工弗贵也,何则?乘者非一人,射者非一发也。……故有术之君,不随适然之善,而行必然之道。"该段内容为作者论述治国之道,亦用制作箭和车轮来作比喻。由此可知,檃栝既可用来将弯木变直,也可用来将直木变弯。

(3)《荀子·性恶》:"故枸木必将待檃栝烝矫①然后直。……故檃栝之生,为枸木也;绳墨之起,为不直也。……直木不待檃栝而直者,其性直也。枸木必将待檃栝烝矫然后直者,以其性不直也。"[134]《荀子·大略》:"曾子行,晏子从于郊,曰:'婴闻之:君子赠人以言,庶人赠人以财。婴贫无财,请假于君子,赠吾子以言:乘舆之轮,太山之木也,示诸檃栝,三月五月,为帱菜敝而不反其常。君子之檃栝不可不谨也。……'"[135]《荀子·法行》:"南郭惠子问于子贡曰:'夫子之门,何其杂也?'子贡曰:'君子正身以俟,欲来者不距②,欲去者不止。且夫良医之门多病人,檃栝之侧多枉木,是以杂也。'"[136]由《荀子》关于檃栝的多处记载可知,檃栝可用来矫正曲木,亦可用来弯曲轮牙为圆弧,且需要在矫正前"烝"(通"蒸"),不同于之前的加热方法"以火楺之"。而且该书引用春秋时期的典故,说明其与春秋战国楺木之法类似。

(4)《淮南子·修务训》:"木直中绳,揉以为轮;其曲中规,檃栝之力。"[137]此处直言楺制的轮牙为正圆形,是因为使用了檃栝。

3. 锯辋工艺

可以明确判断轮辋为锯割成形的是深圳博物馆收藏的北朝铜牛车模型,车轮细节清楚,结构为"八辋十六辐",即轮辋由8块辋块拼合而成,每块辋块对应两根辐条。假定车轮轮径为130厘米,每个辋块的外弧线长度,"八辋"结构约为51厘米,"七辋"结构约为58厘米,"六辋"结构约为68厘米,"四辋"结构约为102厘米。从合理利用木料的角度判断,"四辋"至

---

① 王星贤点校为"檃栝、烝(蒸)、矫",笔者认为此处不应断句,因为檃栝是矫正工具,使用前需先加热曲木,使之柔化,然后矫正,三者不能并列。
② 距,通"拒"。

"二辋"使用揉制工艺更合理,"八辋"以上使用锯辋工艺更合理。

甘肃武威磨咀子西汉晚期墓出土彩绘铜饰木车马模型一辆,其车轮"轮毂为壶形,辋六块,竹辐十六根"[138]。通过观察其图片发现,似有4块较长轮辋分别对应3根轮辐,两块较短轮辋分别对应两根轮辐,很可能为采用锯辋工艺加工而成的轮辋。关于锯辋工艺的文献记载如下:

(1)北宋李昉等人编纂的《太平广记》中收录了唐代薛用弱的传奇小说《集异记》中关于造车匠人奚乐山的故事:"上都通化门长店,多是车工之所居也,广备其财,募人集车,轮、辕、辐、毂皆有定价,每治片辋,通凿三窍,悬钱百文,虽敏手、健力、器用利锐者,日止一二而已。有奚乐山者,携持斧凿,诣门自售,视操度绳墨颇精,徐谓主人:'幸分别辋材,某当并力。'主人讶其贪功,笑指一室曰:'此有六百片,任意施为。'乐山曰:'或欲通宵,请具灯烛。'主人谓其连夜,当倍常功,固不能多办矣,所请皆依。乐山乃闭户屏人,丁丁不辍。及晓,启主人曰:'并已毕矣,愿受六十缗而去也。'"[139]该故事中提到一片轮辋需要凿三个卯眼以纳轮辐榫头,由一片辋仅凿三卯可推知该零件的外弧线应较短,而且其所用量词为"片",说明其弧线长度和宽度均远大于厚度,形制与近代轮辋辋块相近,而不同于采用揉辋工艺所造的轮辋零件。此外,文中涉及的工具仅有斧、凿、绳墨以及测量工具,不见揉制工具或设备,所以轮辋加工工艺采用的应是锯辋工艺。

(2)北宋张择端的《清明上河图》(现藏于北京故宫博物院,下文称"张择端本"),描绘了北宋末年清明时节东京城内外汴河沿岸的生活图景,绘画风格非常写实,是研究这一时期历史的重要图像史料。该画中绘有造车作坊,见图2-11,左侧工匠在手拿大锤将轮辋与轮辐的连接夯实,右侧工匠在用推刨刨平木料,右侧工匠左手边的车轮一角,清晰可见两个榫头,轮辋零件外弧线较短,除了开榫和卯的方向与近代不同外,其他十分相似,可以判断其为锯辋工艺。图中还可见到的工具有框锯、斧子、凿子等。

(3)元初薛景石所著《梓人遗制》中记述了"五明坐车子"轮辋的形制和尺寸的设计方法:"造辋法,取圆径之半为祖,便见辋长短。如是十四辐造者,七分去一,每得六分,上却加三分。十六辐造者,四分去一分,每得三分,却加一分八厘。十八辐造者,三分去一,每加前同。如是勾三辋造者,

图2-11　造车图(张择端本《清明上河图》局部)

料材便是辋之长,名为六料子辋,牙头各加在外。辋厚一寸,则广一寸五分,谓之四六辋,减其广,加其厚,随此加减。"[140]该段内容主要记述的是根据轮的半径和轮辐数量,确定轮辋的数量和外弧线长度,这种设计方法对应的制造工艺应为锯辋工艺。

综上所述,揉制工艺直到东汉时期还有应用。锯辋工艺在西汉末期可能已经出现。魏晋南北朝以后,锯辋工艺应用愈加广泛。

四、轮牙设计的应用

河南辉县琉璃阁战国车马坑出土的16号战车,车轮形制特别之处有二:一是车毂两侧有两条笔直的木条,互相平行,夹住车毂,发掘报告称其为"夹辅"或"辅";二是辐条每根都向毂斜放,全体成一中凹的碟盆状(假如将车轮水平放置,轮辋所在水平面要高于轮毂上卯眼所在水平面,如同浅盆或浅碟)。夏鼐绘制了复原图,见图2-12。[141]甘肃武威磨咀子西汉晚期墓出土的彩绘铜饰木车马模型,其车轮为碟盆状,复原图见图2-13。湖南长沙西汉晚期203号墓出土了木车模型4辆,其中的2号车和3号车结构类似,2号车复原图见图2-14,车轮也类似碟盆状;3号车毂距轮牙21.1厘米,

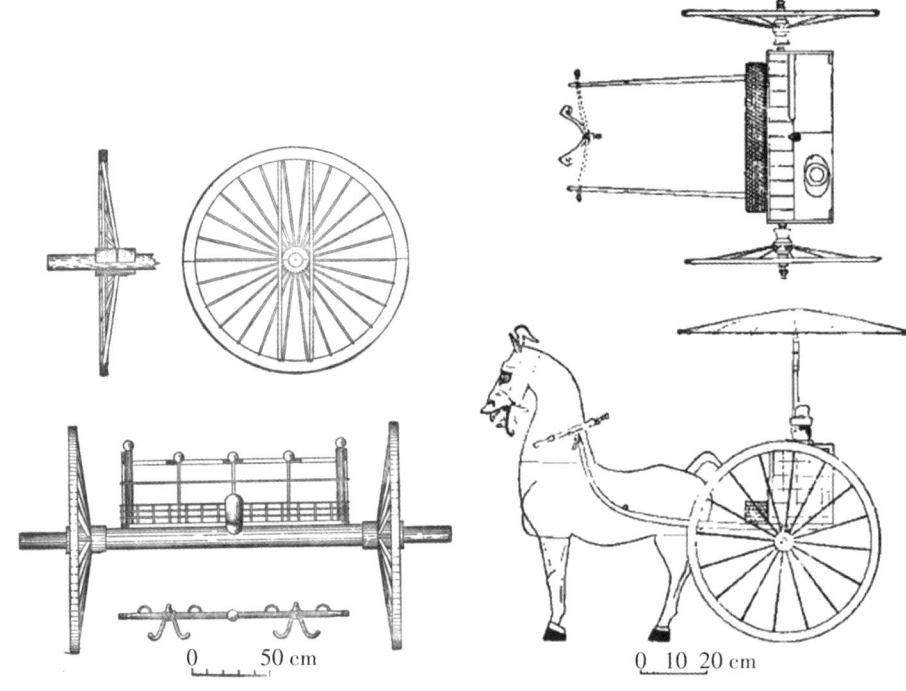

图2-12 河南辉县琉璃阁战国车马坑出土的16号战车复原图

图2-13 甘肃武威磨咀子西汉晚期墓出土的彩绘铜饰木车马复原图

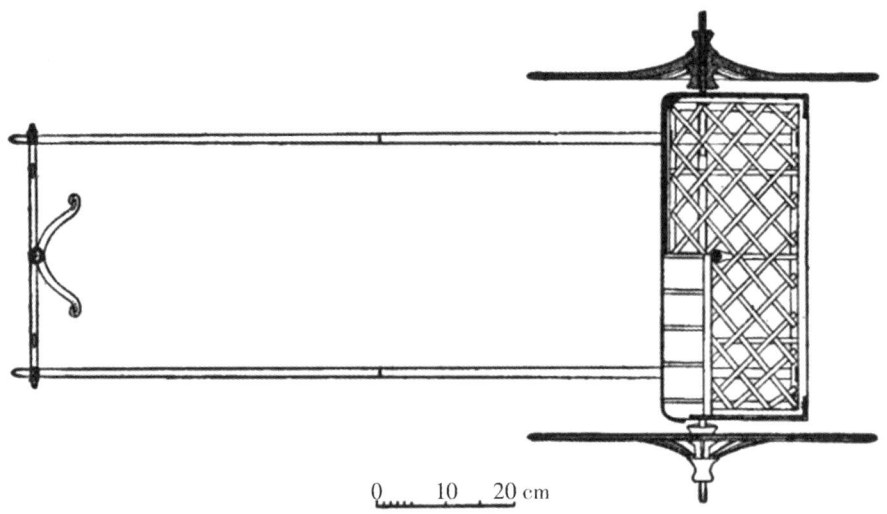

图2-14 湖南长沙西汉晚期墓出土的木车模型复原图

中间安置辐条,每轮16根。因为辐条本身稍微弯曲,安置上后,辐条的两端并不正相对,而是近毂的一端较近牙的一端外出2.5厘米(两端都以辐条外面一边为测点)。[142]但长沙出土的碟盆状车轮安装方向朝外,与辉县和武威的方向相反。

李约瑟、孙机、郭宝钧等多数学者认为车轮这种碟盆状设计,与《考工记》中的轮"绠"含义对应。《考工记·轮人》:"望而眂(视)其轮,⋯⋯眂(视)其绠,欲其蚤之正也。察其菑蚤不齵,则轮虽敝不匡。⋯⋯六尺有六寸之轮,绠叁分寸之二,谓之轮之固。"郑玄注:"郑司农云:'绠,谓轮箄也。'玄谓轮虽箄,爪牙必正也。"戴震补注:"辐上端入毂中用正枘,下端入牙中用偏枘。令牙外出,不与辐股骹参值,是为绠。"江永《乡党图考·图谱》中的"车轮图一":"爪用边笱,缺边向外,则轮向外箄,谓之绠。"江永的注解即为近代木轮大车轮辐榫头的加工方法。

对于这种轮绠设计的功用和合理性,李约瑟[143]和荷兰格罗宁根大学应用物理系教授史四维[144]从力学的角度进行了分析。李约瑟认为车辆在不平整或有车辙的路上运载重物时,会在车轮上引起侧向推力,这种结构能够抵消这种推力。史四维还进一步做了定量分析,他认为当轴向力作用于中凹形车轮轮毂时,使得轮辐更牢固地推进轮毂和轮辋的卯眼内,从而在轮缘处产生内力与轴向力相抗衡。通过李约瑟的研究可知,这种特殊的车轮结构设计也可以在15世纪以后的欧洲找到证据。

关于轮绠设计的文献记载,除了《考工记》及其后世注疏中有提及外,并没有更多的发现。目前在考古发现的车辆实物、模型等上所见也不多,传世或出土的图像材料(画像砖石、壁画、画作等)上也很难辨识出,但是在清代、民国的木轮马车上依然存在类似的结构(图2-15和图2-16)。

五、曲辀、直辕、无辕与三辕

晚商以降,独辀车至少驾两马,采用轭靷式系驾法,车辀必须上曲,以与马高配合。牛车出现也很早,西周晚期金文以及先秦文献中的"大车"即指用作物资运输的牛车,李学勤[145]、李零[146]对此已有考证,但为独辀还是双辕现今无法判断。双辕牛车最早的考古发现为陕西省宝鸡凤翔县(今凤

图2-15 河南驻马店市平舆挚都博物馆馆藏的车轮

图2-16 河南驻马店市平舆挚都博物馆馆藏的铁轮

翔区)战国早期秦墓出土的两辆泥质灰陶双辕牛车模型[147]。其木质车辕已腐朽,但两头牛中一头高为13.8厘米,一头高为12厘米,而车轮直径为11厘米,与后世牛车对比可知,双辕应为直辕。由于牛一般较马矮,无须輮制车辕前部使其上扬,即可与牛颈平齐,我们可推断双辕牛车从发明起即为直辕或辕头略微上翘。西汉中后期,马车也逐渐由独辀转变为双辕,双辕马车依然保留了独辀马车的某些特点,如使用车軏,车辕上曲,但新发展出了与双辕配合的胸带式(有靷)系驾法,这类双曲辕马车在考古发现的大量汉代画像砖石上所绘车马出行图中十分常见,王振铎的著作收集了不少画像砖石资料[148]。鞍套式系驾法出现后,马车的双曲辕才转变为双直辕。

宋元时期交通运输工具出现独辕牛车和无辕牛车。独辕牛车类似近代"二牛抬杠"车,主要特点为单直辕、一衡,至少驾二牛,图2-17为北宋张择端本《清明上河图》中描绘的"二牛抬杠"独辕车,图2-18为南宋朱锐所绘的《溪山行旅图》中的"二牛抬杠"独辕车。无辕牛车又可分为两类:"无辕有把"车和"无辕无把"车。无辕有把车的主要特点：一是车厢（或称"车舆"）前端伸出双短把（或称"双短辕"，但不用于套牲畜），用于车夫站立于二把之间，掌握行驶方向；二是牲畜仅借助牛轭、靷绳和"抛杆"（横木）与车厢前端横木或车轴连接，以传递动力；三是借助车尾两个斜木脚拖和车前双把保持车辆平衡。图2-19为张择端本《清明上河图》中"无辕有把"四驴车，图2-20为南宋朱氏①所绘《溪山行旅图》中"无辕有把"三牛车。"无辕无

图2-17 "二牛抬杠"独辕车（张择端本《清明上河图》局部）

图2-18 "二牛抬杠"独猱车（《溪山行旅图》局部，南宋朱锐绘，上海博物馆藏）

① 该画原作同前述朱锐所绘《溪山行旅图》均收藏于上海博物馆，落款处姓为朱，名字已磨损难辨，故本文称其为"朱氏"。

把"车与"无辕有把"车类似,两者主要区别在于有没有车把,"无辕无把"车驾驶时无须车夫立于车前。图2-21为元代《王祯农书》中的大车图。图2-22为《王祯农书》中的下泽车图,其车厢前有一下曲短木,可用以保持车辆平衡。元明清时期所见的四轮运输车也属于"无辕无把"车,图2-23为元代陈椿的《熬波图》中的四轮运柴车,图2-24为明代《天工开物》中的四轮运货车,图2-25为清代乾隆元年(1736)陈枚等五人所绘的《清明上河图》(现藏于台北故宫博物院,下文称为"清院本")中的四轮运货车。

宋代以降,皇帝出行时的仪仗队还出现了三辕车,也有独(直)辕车。中国国家博物馆馆藏的《大驾卤簿图书》(年代为宋元时期)全卷纵51.4厘米、横1481厘米,其中既有驾六匹马的三辕车(图2-26),也有驾四匹马的

图2-19 "无辕有把"四驴车(张择端本《清明上河图》局部)

图2-20 "无辕有把"三牛车(《溪山行旅图》局部,南宋朱氏绘)

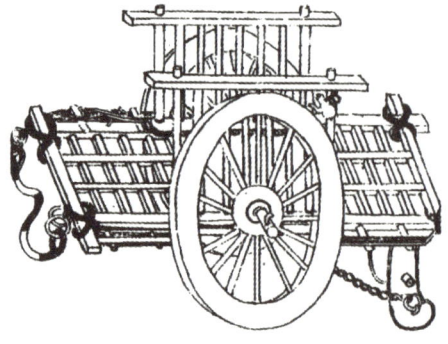

图2-21 大车图(元代《王祯农书》)

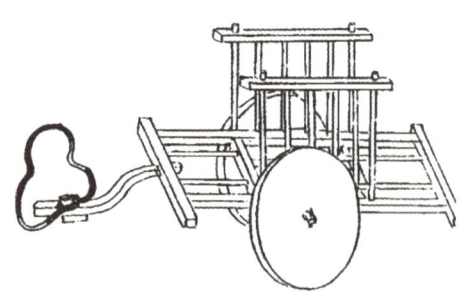

图2-22 下泽车图(元代《王祯农书》)

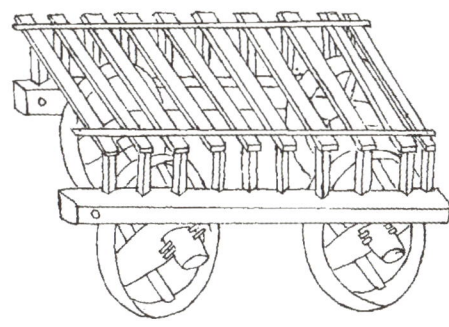

图2-23 四轮运柴车(元代陈椿《熬波图》)

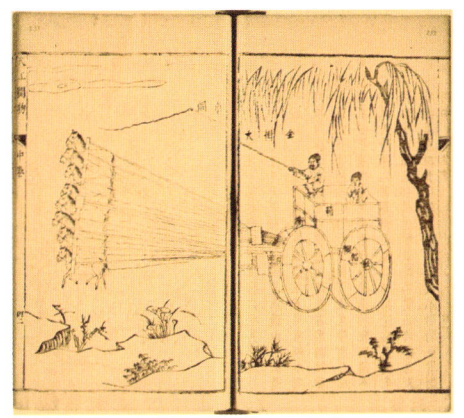

图2-24 四轮运货车(明代《天工开物》)

图2-25 四轮运货车(清院本《清明上河图》局部)

图2-26 三辕车(宋元时期《大驾卤簿图书》)

图2-27 独直辕车(宋元时期《大驾卤簿图书》)

独直辕车(图2-27)。山东邹县明鲁荒王朱檀墓出土了两辆木车模型[149](现藏于山东省博物馆),其中一辆也为三辕车(图2-28)。明代王圻父子编纂的《三才图会》(初刊于1609年),是一部图文并茂的类书,其中"器用"卷五中绘有皇帝仪仗五辂图,均为三辕车[150](图2-29)。清代王原祁等人奉敕纂修的《万寿盛典初集》(1717)中《万寿盛典图》数卷,是为记录康熙六旬生日(1713)庆典场景而绘制的纪实版画,其中既有双辕象车,也有三辕马车(图2-30)。

图2-28 三辕车(明代朱檀墓出土,山东省博物馆藏)

图2-29 三辕车(明代《三才图会》)

图2-30 双辕象车与三辕马车(清代康熙时期《万寿盛典初集》)

第三章 陕西传统木轮大车制作技艺

木轮大车,在陕西关中地区又称"硬轱辘车",是一种双辕、双轮、大车厢的车辆,主要用于物资运输,也可载人代步。这一类型的车辆在中国出现的历史至少可追溯至战国时期,陕西宝鸡凤翔县(今凤翔区)的战国早期秦墓出土了两辆泥质灰陶双辕牛车模型[151],河南周口淮阳县(今淮阳区)的战国晚期马鞍冢楚墓车马坑[152]和甘肃天水秦安县的秦代上袁家秦墓[153]均出土了双辕马车。春秋末年的《考工记》中记载了"车人"所造农用"大车"使用"鬲"(牛轭)来驾牛,其应为主要用于载物的双辕大车。西汉以后,双辕车渐为普及,独辀车仅见于皇族达官贵人的仪仗车或代步车。一直到民国时期和20世纪50年代初期,木轮大车一直是我国陆路运输的主要交通工具。20世纪50年代以后,胶轮大车和机动车愈加普及,木轮大车在多数地区已不再制作,木质轮轴的制作技艺随之濒于失传。2004年以来,包括传统制车技艺在内的诸多非物质文化遗产得到抢救性发掘与保护,比如"蒙古族勒勒车制作技艺"于2006年就被列入第一批国家级非物质文化遗产代表性项目名录①。传统车辆制作技艺在这种背景下又得以存续。

民俗学、民族学、科技史等领域的学者及研究生已对诸多非物质文化遗产做了大量的调查和研究,其中关于传统制车技艺,前人也做了不少工作[154-157]。为了进一步认识先秦两汉制车技艺,同时致力于国家非物质文化遗产的传承与保护,2018年1月、4月我们先后两次赴陕西省咸阳市渭城区北杜镇"礼义成"木匠铺和西安市高陵区文化馆、灞桥区南大康村对木轮大车制作技艺进行调查。("礼义成"木匠铺内展示的大车见图3-1,高陵区文化馆内展示的大车见图3-2。)

---

① 2004年,中国加入联合国《保护非物质文化遗产公约》后,非物质文化遗产的保护与传承由政府主导并提供财政支持,成为国家意志和国家行为,从而得到社会的广泛关注和认同。传统技艺是非物质文化遗产的重要组成部分,而传统制车技艺即是传统技艺的种类之一。

图3-1 "礼义成"木匠铺内展示的大车

图3-2 高陵区文化馆内展示的大车

第一节 手艺传承

咸阳市渭城区和西安市高陵区的"木轮大车制作技艺"于2015年被列入陕西省第五批非物质文化遗产代表性项目名录。西安市灞桥区的"木质马车制作"也已被列入区级非物质文化遗产代表性项目名录。

一、咸阳市渭城区

咸阳市渭城区的木轮大车制作技艺代表性传承人是北杜镇"礼义成"木匠铺的傅平(图3-3),1952年出生,北杜村人,祖籍礼泉县,出身于车木匠世家,少年时代就在课余时间帮助祖父拉下锯、熬胶、凿卯、推刨子、拉钻子等。1968年因故中断学业,从咸阳市第一中学(今周陵中学,初中)返乡随父学习木工手艺。他的父亲这时也因曾为旧业主的身份,从生产大队的木器厂被辞退回生产小队。但其父木工技艺远近闻名,常常被邻近村社请去修理车辆和农具,傅平便跟随父亲出门做活,修理或制造过木轮大车、土车、草车、秸叉(麦场上运送麦秸的农具)、纺线车、织布机和家具。傅平由于有中学文化基础,在父亲的帮助下,很快便掌握了制作车辆、农具的技艺,两三年后就开始独立外出做活了。20世纪70年代末,现代运输及农用机械逐渐普及,传统木制机械不断被淘汰。傅平开始转向其他木工生产领域,先后从事过室内家具制作、古建园林修复与扩建、钢木屋架制作与安装等。他曾负责创办"北杜公社木器厂",并担任该厂负责生产的副厂长,后又创办个体经营的"平安木器厂"。1999年至今,他一直在建筑公司从事高层建筑基础施工管理工作。近些年,非物质文化遗产保护得到政府和社会的重视,于是他决定重开木匠铺,恢复祖业。他凭借早年随父学艺的记忆

图3-3 傅平师傅

和经验,又拜访了几位曾制作过大车的师兄,于2014年采用祖传技艺制作了一辆木轮大车。后来,傅平为陕西省艺术馆制作了一辆大车和轿车,又为咸阳市文化馆制作了一辆大车。他于2017年被选为陕西省非物质文化遗产代表性项目代表性传承人。

"礼义成"木匠铺开设于清光绪二十三年(1897),以制作车辆、农具等为主业。创始人为傅四公(家族排行老四,佚名),咸阳市礼泉县新时乡小陈村人,早年到咸阳东郊黄家沟拜师学习车辆、农具制作的木工手艺。他后来瞒着家人跟随师父去了肃州(今甘肃省酒泉市)开了家车木匠铺,不仅制作车辆,还更换车轴、修理车轮,同时还做马车运输的生意。傅四公赚钱后,便捎钱回小陈村老家,家人方知他在肃州做生意。他的胞弟傅七公(1860—1929),做钉锅(修补铁锅)的生意,得知兄长下落,一路挑担钉锅赶到肃州,劝兄回家乡经营生意。清光绪二十年(1894),傅四公回到咸阳,在北杜镇南场东头(今北杜南村)做木匠活。三年后,创办"礼义成"木匠铺(匾额见图3-4)。傅七公也于此时随兄学习木工手艺。因傅四公的儿子们都是读书人,无人愿意学习木工手艺,所以"礼义成"木匠铺后来由傅七公接管。

傅七公之子傅怀义(1886—1965)(图3-4下右),少年读书,本欲走科举入仕之道,因晚清废除科举作罢,遂于23岁从父学艺。除了祖传的手艺,他的箍桶技艺也十分精湛。

傅怀义之子傅克温(1914—1986)(图3-4下左),是傅平的父亲,曾读过几年书,13岁开始学艺,20多岁便已是当地颇有名气的木匠。据其徒弟说,傅克温好学爱钻研,市面上出现的新式木制农具,他观察几次就能琢磨出制作方法。他制作的风箱在礼泉一带广受好评。20世纪

图3-4 "礼义成"木匠铺匾额、傅平的父亲和祖父

30年代到50年代初,"礼义成"木匠铺在当地十分有名,来此慕名学艺的人有很多,来自咸阳、礼泉、兴平、泾阳、长安和蓝田等地的学徒有20余名。1949年以后,政府实行手工业的社会主义改造,"礼义成"木匠铺于1954年接受公私合营,次年歇业。傅克温凭借木工手艺,先后在公社、管理区和生产大队的木器社工作。

现如今,傅平的儿子傅亦欣、外甥李府容和杜宁以及徒弟罗红卫开始学习并参与大车制造。

二、西安市高陵区和灞桥区

西安市高陵区文化馆张新龙寻访当地老木匠制作了一辆木轮大车。在制作车轮时,特别请到一位吴姓老车木匠师傅做技术指导。吴师傅(1926?—)(图3-5),高陵人,14岁时到其父亲本家的车木匠铺学艺,曾制作、修理过木轮大车。制车木匠中有一位叫王永强(1953—)(图3-6),姬家管委会殷赵村人,14岁随师父杨传忠(1924—2010,开封人)学艺。

西安市灞桥区文化馆也收藏了一辆木轮大车,制作者为当地木匠姚峰春(1949—)(图3-7)。他是狄寨街道南大康村人,毕业于西安市第六十二中学,1966年,开始跟随父亲学习木工手艺,边干边学,学了五六年,制作过

图3-5 吴师傅(中)

农具、架子车(人拉车)、推车、门窗、家具、鸟笼等。他学木工时,社会上已经主要使用胶轮车,所以他只学过造车厢。他的父亲姚文均(1922—1984),文化程度不太清楚,能认字,会算账。姚文均的木匠师父有两位:一位是北大康村的,姓许;还有一位是鲍旗寨村的,姓樊。

图3-6　王永强师傅(中)

图3-7　姚峰春师傅

第二节
制车准备工作

传统大车制作前需要做一系列准备工作,比如场地安排、人员安排、通用工具准备、专用工装设备的设计与制造、材料准备等。

一、场地安排

20世纪50年代以前,传统大车的加工场地安排与顾客要求有关。第一种是去大财东(指非常有钱的人,过去多是大地主)家里做,东家自己备料,车木匠下料时不用考虑成本,常常为了小料而开大料,造成木料浪费。第二种是在木匠铺做,车木匠备料,下料时会遵循"大料大用,小料小用"的原则,从而降低成本。顾客定做的大车,虽然在木匠铺制作,但会事先商定好用料和价格,最后交"白活儿",即整车制作完毕后不刷漆,以便顾客检查大车所用木料和加工的质量。木匠铺也销售刷漆后的整车,价格虽低,但大车用料等方面的缺陷顾客无从检查。

二、人员安排

车木匠如果去东家的家里打车(即制作大车或造车),一般是一个师傅带两个徒弟。有些东家十分重视家里要置办的大车,要求师傅带领把式(技术娴熟的老手、行家)打车,不准学徒参与。其实这种条件常常难以达到,即便东家不惜工本,同时再找两个把式也不容易,而且师傅也不愿意把徒弟留在家里。

三、木工通用工具准备

车木匠与房木匠、小木匠所使用的大多数工具是相同的(图3-8):刨削工具有平斤(锛子)、凿子、斧子、刨子;锯割工具有框锯、手锯,敲击工具有大锤(又称"大榔头")、手锤;量具有直尺、角尺、活角尺、丁字尺等;画线工

图3-8 常用木工工具

具有墨斗(包括墨笔)、铅笔。每种工具根据需要又有不同类型,如凿子根据刃部宽度不同分为2分凿、3分凿、4分凿、6分凿等,刨子根据刨身大小和刨刃形状不同分为长刨、短刨、线刨、槽刨、圆刨、滚刨等。木工工具多为车木匠自制自用,师傅也会将其作为礼物送给徒弟。

四、专用工装设备的设计与制造

车木匠除了使用木工通用工具外,通常还制作一套专门用于加工车轮的量具和模具。该套量具配合口诀可以确定轮毂和内外毂孔的直径、轮毂曲面卯眼的位置和大小,轮辋扇环形辋块的内外弧线的位置。该模具主要用于加工轮辐毛坯和榫头,以提高加工效率。此外,还有用于轮辐和轮辋装配以及车辕卯眼下线的自制工具。

五、材料准备

主要是木材的准备,包括选购、去皮、画线、解板、天然干燥等环节。制车所用金属材料包括生铁和熟铁,涉及铸造、锻打等工艺的需要找铁匠来配合,车木匠一般都有长期合作的铁匠。

选购木料,是根据车辆设计的结构、尺寸要求以及不同零部件对机械性能的要求来选取合适尺寸、种类和数量的木材,同时还要综合考虑质量和价格因素。影响质量的因素主要包括原木①的结疤、虫眼、腐朽、裂缝、弯曲以及树木生长的海拔高度与坡向等方面。传统大车制车选材遵循"就地取材、因地制宜"的原则。"礼义成"木匠铺所用木料均为北方常见树种。车辕所用木料为槐木②或榆木③,高在4.5米以上,直径在30厘米左右;轮毂用槐木或榆木,红榆木最好,直径35~38厘米;轮辋和轮辐用槐木;车轴要用枣木④或梁子木⑤,高2米以上,直径在16厘米以上;铺厢板要用柳木⑥;铁质零件用生铁或熟铁。高陵区的车木匠选择车辕木料时,还特别要求选取生长在海拔300米以上阳坡的国槐或洋槐树原木。

木材的含水率与木材的腐朽变质、虫害、变形开裂以及强度等方面直接相关,所以木材在加工前多需进行干燥处理。为了提高干燥效率,原木在去皮后,需要解成板材或方材,存放于阴凉通风处,经过自然时效处理,最终达到干湿度的要求。据傅平师傅介绍,过去农村一般农户家准备打一辆大车时,先得买一棵足够做两个车辕的大槐树或榆树,再请车木匠下线,解成板材架到屋梁上,经过三冬两夏的自然干燥后,提前半年到一年预约车木匠。关于车轮用材的干燥处理,咸阳和西安两地的车木匠均掌握了前辈流传下来的口诀:"隔年的辐条,当年的辋,车头还在树上长。"⑦该口诀应是数代匠人实践经验的总结,他们认识到轮辐、轮辋和轮毂用材的干湿度会影响木材的加工性能。经过试验,傅平师傅认为刚砍伐的木材用来加工车头(轮毂)并不合适,还是需要一定时间的干燥,这句口诀只是粗略地说明了车轮加工对木材干湿度要求的差异。

---

① 原木,是指采伐后未经过加工的木料,即去枝带皮的树干。
② 槐树,分为刺槐和槐树。刺槐,又称"洋槐",产于全国各地,材质坚硬,纹理直,耐久性强,不易加工,易翘曲和开裂;槐树,又称"本槐",产于黄河流域以南,性质与洋槐近似。
③ 榆树,分为榔榆和白皮榆。榔榆主要产于华北、华东和中南,材质坚硬,纹理直或斜,耐磨损。白皮榆主要产于东北、河北、山东、江苏和浙江等地,材质坚硬,纹理直。下文提及的红榆木,应是指榔榆,其心材为深红褐色。
④ 枣树,产于全国各地,材质十分坚硬,纹理直,耐磨损。
⑤ 梁子树,不知为何树种,访谈傅平师傅时,他提及该树种,推测可能为民间俗称,性质类似枣木,坚硬耐磨。
⑥ 柳树,材质软而坚韧。
⑦ 西安市高陵区的类似口诀为"隔年的辐条,当年的辋,要用疙瘩树上长"。疙瘩、车头均指车毂。

第三节 制作工艺流程

木轮大车制作技艺是否传统,判别的关键标准在于木工工艺。20世纪50年代以前,多数木匠的文化程度较低,算术水平也不高,他们仅凭借师父传授的口诀、专用量具和实践经验传承并改进这门古老的手艺。车木匠虽没有现成的图纸,但是车辆的设计图、关键技术参数以及工艺规程均留存在他们的脑海中。大车结构主要分为下脚子和车身两大部分,下脚子包括车轮和车轴两大部件,车身包括车排和立厢两大部件,制作工艺流程如图3-9所示。

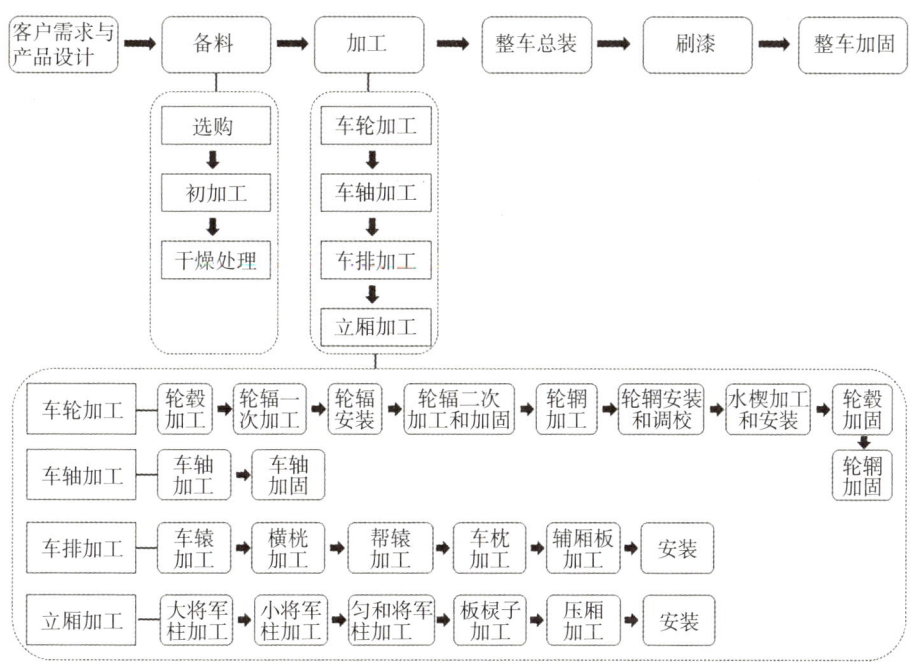

图3-9 木轮大车制作工艺流程图

一、车轮加工

车轮是以木料为主制成的圆形构架,它是传统大车最为核心的部件,决定着大车的性能和使用寿命,加工难度大,其制作技术好坏最能反映车木匠水平的高低。经过长期发展,陕西木轮大车的车轮已形成定制,其结构为一毂、九辋、十八辐(图3-10)。一毂为车轮中心的圆柱形零件,即轮毂;九辋为车轮外周的9块扇面形(或扇环形)零件,即轮辋的组成部分;十八辐为连接轮毂与轮辋的18根四棱形零件,即轮辐。此外,车轮的零件还有18块水楔以及加固轮毂的铸铁车穿(车毂两端各一个)、加固轮辐的束子和加固轮辋的蘑菇钉、泥瓦、瓦钉等。木轮大车车轮直径为133厘米左右,轮距为145厘米左右[①]。

图3-10　九辋十八辐车轮(渭城区"礼义成"木匠铺)

加工工序如下:

1. 轮毂加工

轮毂直径和长度均为32厘米左右,在当地又被称为"车头"。轮毂的

---

① 咸阳车木匠口诀为"轮四二,轴正六,泥瓦辗辙四尺六",意为车轮直径四尺二寸,车轴长度六尺,轮距为四尺六寸。《陕西交通挈要》(1928):大车轮距四尺,轮径四尺三寸,最大的长约一丈,宽又四尺,轿车半径二尺三寸,车辙宽二寸,轮距四尺五寸,轴为直径六寸余之铁镶棒。经分析,可能轿车的轮距更为准确。

加工大致可分为4道工序：

（1）毛坯加工。该工序需要粗略加工出圆柱形轮毂的圆形底面和曲形侧面（曲面），在加工曲形侧面时需要为下一步精加工留出3~4毫米的加工余量。

（2）精加工。将曲形侧面加工为规整平滑的圆柱体侧面。

（3）曲面卯眼加工（图3-11）。在轮毂曲面上均匀分布着18个卯眼，用于与轮辐近毂端榫头配合，以连接毂和辐。榫卯类型为类双凸闭口透直榫[①]，高陵车木匠称其为"渗卯"。"礼义成"木匠铺和高陵的车木匠均按口诀"先有三皇治世，后有五帝为君"，将曲面十八等分，以确定卯眼的周向位置。具体操作是用一根细绳绕轮毂一周，确定周长起始点，将周长细绳折叠确定三等分点并标记，然后将标记转移到轮毂曲面上，即为"三皇治世"；再用细绳量取三等分周长中的一份，将其二等分，以此类推，再三等分，获得五等分点并转移至轮毂曲面上，即为"五帝为君"。"渗卯"的"二台儿"[②]位置和尺寸通过专用量具"探找板"来确定。"探找板"还用于凿卯时检测卯眼是否符合要求，以便确定加工的凿削量。

（4）毂孔加工。在轮毂中心处凿出毂孔，用于纳轴。轴颈从根部到端

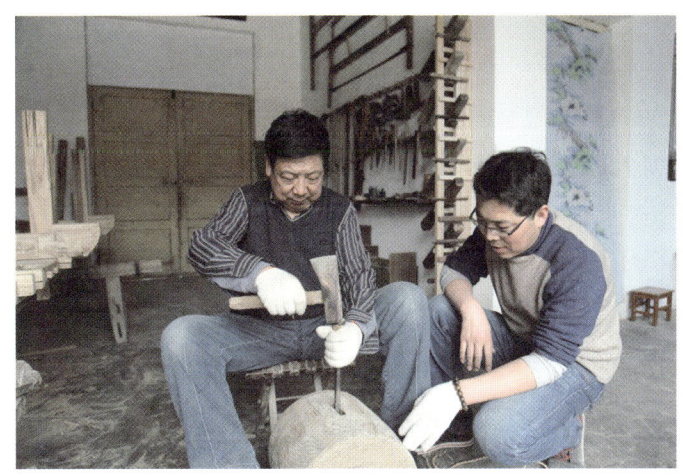

图3-11　曲面卯眼加工

[①] 类双凸闭口透直榫是指类似中国传统木工工艺榫卯类型中的双凸闭口透直榫，与其区别在于轮毂曲面卯眼为双凸（或称双肩）型，而轮辐近毂端榫头为单凸（或称单肩）型。
[②] 高陵车木匠将"大进小出"榫卯结构中卯眼内与榫肩相接触的部分称为"二台儿"。

部由粗变细,故轮内侧毂孔大、外侧毂孔小,从而防止车轮在行驶过程中内侵。内侧毂孔直径约为13.3厘米,外侧毂孔直径约为10厘米。凿毂孔之前,需要先安装轮毂线腰。线腰即为轮毂的4道铁箍,用以加固轮毂,防止其开裂。

2. 轮辐一次加工

轮辐,当地称其为"辐条"。轮辐的加工,以轮辐与轮毂组装工序为节点,可以划分为一次加工和二次加工。一次加工主要分为轮辐毛坯加工和轮辐近毂端榫头加工。

轮辐毛坯为不规则长方体,近毂端宽,近辋端窄,宽度分别为8.5厘米和5厘米,长为67厘米,厚为4厘米。轮辐下线时,要避开板材有缺陷的部位,并根据板材的尺寸,合理选择下线方法,以提高木材利用率。轮辐与轮毂组装时,轮辐易损坏,需要多做2根备用,故每辆车一般要加工38根轮辐。切割方式可分为传统手工框锯切割和现代木工电动圆锯机切割,后者可明显降低劳动强度,并大幅提高加工效率。

轮辐近毂端榫头与轮毂卯眼配合,以连接轮辐与轮毂。榫头类型为类双凸闭口透直榫,结合强度大。

3. 轮辐安装

轮辐与轮毂的连接方式以榫卯结构为主,为了增加连接牢固性,还辅以胶接。现在用的胶主要为白乳胶。传统用胶为鱼皮胶,又称"鳔胶",将鱼鳔剪成丝后熬制而成,黏度大,抗水性能好,但成本高。为了降低成本,也可选用牛皮胶。轮辐安装还需要专门的设备,当地称为"头架子",这在传统车木匠铺中属于常备固定设备。该设备的主要结构是一根车轴轴径粗细的圆木,竖直埋于地下固定,用于安装轮辐时固定并转动轮毂。为了使圆木固定不动,还需要制作"冂"形豁口木板,当用大锤将轮辐榫头打入轮毂卯眼时,卡住轮毂,抵抗大锤冲力。工序如下:

(1)轮毂卯眼刷胶。轮辐安装的前一天,用胶锅将胶熬好,将胶刷入轮毂卯眼中,以备次日安装轮辐。

(2)轮辐榫头预处理。安装轮辐当天,将轮辐榫头置于细锯末火上烤热,轮辐榫头上不能有明火,取一盆开水,将烤热的轮辐榫头浸入开水中,

并用刷子蘸开水刷入轮毂卯眼内。

(3)正式安装。将轮毂固定在头架子上,抢起大锤,将轮辐打入轮毂中(图3-12),这一工序需多人协作完成。这里有两点要特别注意:一是楔入的轮辐要与轮毂轴向垂直,需要一人拿一木条边楔边监测;二是轮辐安装顺序应为隔卯眼安装,以防卯眼在楔入榫头时单侧变形。

图3-12 轮辐安装

4.轮辐二次加工和加固

轮辐二次加工主要是指近辋端榫头的加工。近辋端榫头应与轮辋卯眼配合,以连接轮辐与轮辋。榫头类型为双凸单面截肩榫,又称"大小榫结构",即榫头根部大、顶部小。

(1)轮辐调校。轮辐安装完成后,用一根平滑的长方体木棍作为标准,放于轮辐上,检验全部轮辐是否处于同一水平面,并用长刨子来刨削调校。

(2)下线和锯割。匠人需制作轮辐近辋端榫头下线板,用于给已安装在轮毂上的轮辐榫头下线。使用下线板在轮辐上画线后,用框锯锯割成形(图3-13)。

(3)加固。轮辐榫头一阶榫肩[①]处容易劈裂,需要用一铁环套在一阶榫

[①] 一阶榫肩是指双凸榫卯结构中靠近榫头根部的榫肩,靠近榫头顶部的榫肩称为"二阶榫肩",以便行文描述。

图3-13 轮辐近辋端榫头加工

肩的下端,以对其加固,当地称其为"辐条束子"。

5.轮辋加工

组成轮辋的扇环形零件,被当地人称为"辋子"。辋子厚为6~7厘米,长方形端面宽为15厘米,外弧线长约48厘米。

(1)辋子毛坯加工。匠人首先使用专用量具为一块扇环形辋子下线,锯割成形后,以此为模板,为其余18块辋子下线。高陵车木匠称该模板为"辋盘"。

(2)辋子端面榫卯加工。在辋子两个长方形端面居中位置上分别加工出榫卯形状,左端面为榫头,右端面为卯槽,9个辋子首尾以榫卯连接即为环形轮辋。该榫卯类型为企口榫。

(3)轮辋弧面卯眼加工。在辋块弧面上加工2个卯眼(图3-14和图3-15),与轮辐的榫头配合,以连接轮辐与轮辋。榫卯类型为双凸单面截肩榫,卯眼有两阶榫肩。

6.轮辋安装和调校

轮辋安装是将9块辋与18根轮辐连接,同时9块辋首尾相连,连接方式均为榫卯结构。相邻两根轮辐需用自制夹具适当夹紧,以缩小间距,从而使榫头对准辋的卯眼,车木匠用斧头将辋楔入。辋第一次仅楔入三分之

图3-14 轮辋弧面卯眼加工

图3-15 轮辋弧面卯眼

二左右,全部安装后,再用大榔头将辋敲打到位。"礼义成"木匠铺的做法稍有不同,其夹紧辐条的办法是用麻绳绑缚,然后用斧子将辋一次敲打到位,无须使用大榔头。敲打前,两个辐条之间放上一块垫木(图3-16),以防轮毂与轮辐的榫卯连接松动。轮辋安装完毕后,需要检验全部轮辋是否处于同一水平面,检验和调校方式与轮辐的相同。

7. 水楔加工和安装

水楔是上粗下尖、厚度渐变的木片,用于填充轮辐近辋端榫头与轮辋

图3-16 轮辋安装

卯眼之间的空隙,以使二者的榫卯连接更为牢固。水楔安装的位置在每块辋对应的两根辐条的内侧,每个车轮需要18块水楔。车木匠用斧头楔水楔,并不是一次就能完成,而是需要一个多月的时间,慢慢地将水楔楔入,最后水楔在辋内弧面应露出3厘米左右,而另一端长出部分应锯掉,与辋外弧面持平。水楔与轮辐近辋端榫头配合使用,大车在载重行驶过程中,车轮受力时,水楔向内挤,轮辐榫头向外撑,有小幅的活动空间,有利于增加车轮的使用寿命。轮辐榫头顶部要低于辋外弧面1~2厘米,以防榫头因反复顶泥瓦而松动。

8. 轮毂加固

轮毂毂孔需承受传自车轴的载荷,在大车行驶时与轴颈不断发生摩擦,毂孔内径极易磨损,故需要对其加固。加固方法是在毂孔两端安装金属轴承,该轴承在当地称为"车穿"或"六棱穿"。车穿外周为正六边形,内径为圆形,由生铁铸造而成,硬度高,耐磨性好。每个车轮需要安装两个车穿,内侧车穿大,称为"大穿",外侧车穿小,称为"小穿"。车穿的安装需要先在轮毂两个底面上分别凿削出六棱孔,然后使用大榔头将车穿楔入六棱孔。车穿与六棱孔的连接为过盈配合,可保证车穿的轴向固定,六棱可保证其周向固定。为了减少轴毂间的摩擦,车轮需要加润滑油。传统润滑油为菜籽油,当地称其为"清油"。大车主人常常不舍得加油,致使大车运行不畅,故当地流传的民谚说"刷轴不如膏油,不信你去问牛""勤膏油少打牛,不信井上试辘轳"。外侧车穿周围还加一个铁质护油盖,用于防止尘土进入轴毂间隙,在一侧留有6厘米左右的豁口,用于车辖的拆卸。

9. 轮辋加固

轮辋也是承受载荷大、反复摩擦、易磨损的零件,而且大车在行驶过程中,道路上的沟沟坎坎、石子等对轮辋的瞬间冲击力容易造成轮辋损坏。轮辋的加固部位主要有两处。一处是直接接触道路的轮辋曲面,极易磨损,使用长条铁板弯成弧形贴于曲面上,车木匠称该铁板为"泥瓦"。泥瓦每轮共9条,每块泥瓦中线与两块辋的接缝恰好重合,然后使用4枚特制的瓦钉钉在曲面上。相邻两块泥瓦之间要留有3~4毫米的缝隙。另一处是轮辋侧面,特别是靠近边缘处易磨损,使用辋钉加固,每块辋用15枚辋钉。泥瓦的加工和安装见图3-17和图3-18。

二、车轴加工与加固

车轴是穿入轮毂中连接车厢和两轮的零件,其功用有三:一为连接车轮,使其有确定位置;二是承受车身自重及承载物重量带来的载荷;三是传递源自牲畜的动力,使车轮旋转。这就要求车轴材料具有较高的机械强度和耐磨性,选择木料时多选密度大、硬度高的硬杂木,北方农村多用枣木。车轴结构可分为三段:两端为轴颈,呈圆台形,与轮毂连接;中间段为轴身,

图3-17　铁匠正在加热泥瓦

图 3-18 轮辋泥瓦安装

近似圆柱形(或矩形),与车厢连接。车轴总长约183厘米,轴身长98厘米,直径约16厘米,轴颈长42.5厘米,轴颈端面直径约9.6厘米。

1. 车轴加工

车轴加工也是大车制作的核心技术,当地称该工艺为"刷轴"。轴刷得好坏会影响车轮运转的顺畅程度,当地人夸车木匠轴刷得好为"又轻又利"。刷轴工艺的关键工序是轴颈加工(图3-19),其技术诀窍在于轴颈圆心的确定,可以影响大车的载重性能和使用寿命,车木匠称此项技术为"牵工"和"压工"。"牵工"是指轴颈截面的圆心较轴身圆面的圆心向前(车行进方向)移动3毫米。"压工"是指轴颈截面的圆心较轴身圆面的圆心向下移动6毫米。从结构力学的角度解释,车轴受到牲畜的牵引力和车身与载物的压力,二力间接作用于轮毂,轮毂施加反作用力于车轴。对车轴竖直方向进行受力分析,如图3-20所示,F_1 和 F_2 为两个集中载荷,F_{ay} 和 F_{by} 为支座

图3-19 车轴轴颈加工

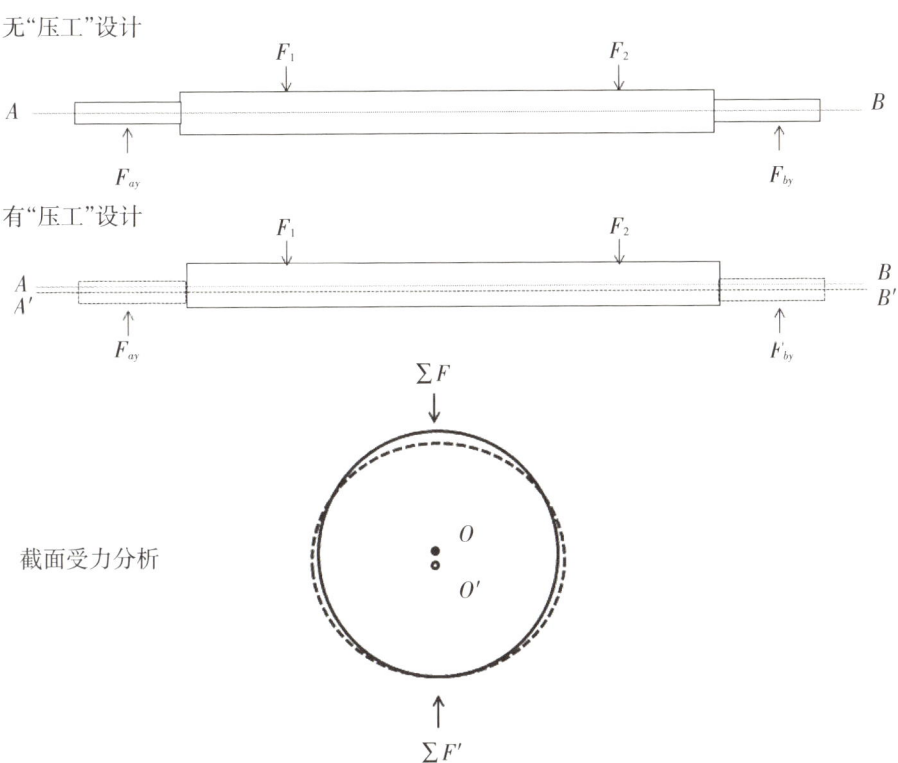

图3-20 车轴受力分析图

反力,车轴在这四个外力的作用下保持平衡。车轴无"压工"设计时,轴身和轴颈的轴心线仍在直线 AB 上,车轴有"压工"设计时,轴身的轴心线仍在直线 AB 上,而轴颈的轴线下移至直线 $A'B'$ 上。假定车轴的外力全部集中于轴身的某一截面上,受力分析如图所示,ΣF 为载荷,$\Sigma F'$ 为支座反力,O 在直线 AB 上,O' 在直线 $A'B'$ 上。在载荷 ΣF 的作用下,车轴身发生轻微变形,如图中虚线椭圆所示,轴身的形心由 O 点下移至 O' 点,而 O' 点恰好处于车轴有"压工"设计时轴颈的轴心线上,这样就保证了在载荷作用下轴身、轴颈和轮毂毂孔的同轴度。这种同轴度的优势有二:一是可以保证大车行驶平稳顺畅;二是使得应力均匀分布,可以增加车轴的弯曲强度。同理可以解释"牵工"设计的合理性。

2. 车轴加固

轴颈与轮毂车穿接触的部位,由于频繁摩擦很容易磨损,需要进行加固。加固的方式是安装铁锏。铁锏为细小长方体形零件,依安装方位不同,又分为平锏和立锏。平锏水平安装在轴颈与轮毂内外二车穿内径摩擦的位置,各1套,每套"上二下三左右各一",共7个。平锏是"活锏",在锏槽(图3-21)中有一定的活动空间。立锏竖直安装在轴肩与内侧车穿侧面摩擦的位置,上下左右各1个,共4个,是"死锏",在锏槽中固定不动。轴颈上平锏的锏槽尺寸要稍大于铁锏的尺寸,安装时先垫几层纸。轴颈端部有一

图3-21　锏槽加工

孔,用于纳辖。辖为铁质,可阻止车轮脱于车轴之外。高陵车木匠有一句口诀:"走马拔辖风摆铜。"该口诀的意思是大车行走时即可将辖拔出,铜会一直摆动。这就要求车辖和铁铜的安装要有一定的活动空间。优秀的车木匠可根据远处行驶的大车所发出的响声,就能判断大车有何故障以及大车的主人是谁。轴颈的两个端部,还要各加固一个铁环。

三、车排加工

车排,当地俗称为"大车面面"。车排的主要零件有车辕、厢帮辕、前帮辕、后帮辕、前跨帮、后跨帮、底桄、花桄、镙子桄、撑桄、铺厢板。它的结构从前到后可分为4段:辕子、前花桄、车厢和后花桄。这4段对应4个功能区:第一功能区为辕子,是套牲口的部分,长约143厘米;第二功能区为前花桄,是前端镙子桄到前车枕部分(不算枕厚),长约70厘米;第三功能区为车厢,是前后车枕之间的立厢部分,长约143厘米;第四功能区为后花桄,即后车枕至辕尾(不算枕厚)部分,长约89厘米。前、后花桄又可称为"牛粪桄",其功能主要是便于卸载粪土等。

车排加工的主要步骤为下线、锯割、榫卯加工和组装。为了合理利用木料,车木匠同其他木匠一样,遵循先大后小、先长后短的原则为各个零件下线。

1. 车辕加工

车辕是车排上两根最长最大、中间平两头(辕梢和辕尾)翘的零件,也是整个车身的主干,与横桄(底桄、花桄、镙子桄)连接构成车身的主体框架。车辕长4.3~4.5米(具体依据牲畜的身长来确定),厚8~10厘米,中间宽19厘米,辕梢宽8厘米,辕尾宽11厘米,前后起翘8厘米,辕距为60~70厘米(具体依据牲畜肚子的宽度来确定,马车略窄,牛车略宽)。车辕卯眼下线方法较为特别,车木匠通过摞移画线[①]确定卯眼的位置和长度。他们首先把两根车辕毛坯平放在两条长凳上,前后对齐,然后按照功能区的横桄数量将车辕均分,即可确定每根横桄的横向位置,继而将16根横桄摆放在相

---

① 摞移画线,指木匠为卯眼画线时,并非按照预先设计好的尺寸用尺子测量后画出,而是将与其配合的榫头放置在相应位置确定卯眼的尺寸并画线,这样做有利于避免因手工操作误差而导致的榫头与卯眼连接不匹配的问题。

应的位置上,从而确定车辕卯眼的长度和横桄榫头的肩线位置。车辕卯眼(图3-22)的纵向位置需通过铺厢板的厚度确定,因为车辕卯眼距离车辕边缘的距离正好与铺厢板厚度相等,才能保证车底平整。除锼子桄外,全部横桄与车辕连接的卯眼类型均为带有二阶卯台,即渗卯。车辕与锼子桄榫头对应卯眼为直透卯。

图3-22 车辕卯眼加工

2.横桄加工

横桄,根据所处功能区和形状的不同,可分为底桄、花桄、锼子桄和撑桄。

(1)底桄,又称"暗桄",因成品大车底桄位于铺厢板下方无法看见而得名。底桄毛坯长120厘米,宽5厘米,厚6厘米,共计6根,均匀分布于第三功能区。成品底桄两端榫头长22厘米,宽5厘米,大进部分高3.3厘米,小出部分高1.7厘米,榫头类型为双凸单肩透榫。

(2)花桄,又称"明桄",3根花桄与4根花桄条子垂直交叉形成网格,类似窗棂。花桄毛坯长123厘米,宽3.5厘米,厚6厘米,前后各3根,共6根,前花桄均匀分布于第二功能区,后花桄的结构和尺寸与前花桄完全相同,位于第四功能区。花桄两端榫头长约26厘米,宽3.5厘米,大进部分高3.5厘米,小出部分高2厘米,榫头类型为双凸双肩透榫。花桄条子毛坯长约73厘米,宽约3.5厘米,厚3厘米,前后各4根,共8根。每根花桄条子与3根花桄、1根锼子桄以及车枕以榫卯结构连接。花桄的加工和组装见图3-23

和图3-24。

图3-23 花桄加工

图3-24 花桄组装

（3）镊子桄，因其夹子状的榫头结构而得名。镊子桄毛坯长123厘米，宽3.5厘米，厚6厘米，前后各2根，共4根。前、后镊子桄分别位于前、后花桄的外侧。镊子桄榫头长约26厘米，宽3.5厘米，高2厘米，榫头类型为单肩透直榫，特别之处在于榫肩的一侧为榫头，另一侧也是榫头，两个榫头形成夹子状。

（4）撑桄，位于车辕的第三功能区，在第一根底桄和第六根底桄的正下方，与车辕的下边缘相距约2厘米。撑桄毛坯长80厘米，宽4厘米，厚6厘米，共2根。撑桄榫头长约5厘米，宽4厘米，厚2厘米，榫头类型为单凸双肩暗榫。

横桄榫头加工和安装见图3-25与图3-26，车尾镊子桄和花桄见图3-27。

图3-25 横桄榫头加工

图3-26　横桄的安装

图3-27　车尾镊子桄、花桄

3. 帮辕加工

帮辕，顾名思义是起辅助车辕作用的零件，从前到后有3类：前帮辕、厢帮辕和后帮辕。

厢帮辕（图3-28），主要位于车厢功能区，贴在车辕两侧，用于加宽车厢，并与立厢相连接，故得此名，又名贴厢。厢帮辕与车辕通过底桄榫头连接，毛坯长178厘米，宽14厘米，厚6厘米，左右各1根，共2根。厢帮辕两端各延长17厘米，延伸至临近车厢功能区的第一根花桄，以嗑口卯①与其榫头相连。与底桄榫头相连的厢帮辕卯眼，里侧长、高均为5厘米，外侧长4厘米，高5厘米，减小长度是为了避开立厢的立桄榫头。

图3-28　厢帮辕

与立厢榫头相连接的厢帮辕卯眼加工略微复杂一些，需先确定与大将军柱对应的卯眼，长7.5厘米，宽1.7厘米，卯眼类型为透卯。然后将两个大将军柱之间做三等分，两个等分点处卯眼长4厘米，宽3.3厘米，卯眼类型为透卯。两个三等分点之间再进行六等分，五个六等分点处卯眼长2.3厘米，宽3.3厘米，深4厘米，卯眼类型为不透卯。最后，将全部卯眼开槽连为一体，槽卯长为两个大将军柱之间的距离，宽为3.3厘米，深为0.5~1厘米。

前帮辕位于第一功能区和第二功能区，后帮辕位于第四功能区，均贴于车辕两侧，起加固、加宽车辕的作用。前帮辕前窄后宽，长163厘米，宽3.3厘

---

① 嗑口卯是当地俗称，属于开口透榫类型。

米,大头高9厘米,小头高6.5厘米,共计2根。后帮辕长约72厘米,宽3.3厘米,高约7厘米,共计2根。前后帮辕均通过花桄榫头与车辕串联在一起。

第二功能区和第四功能区两侧,还要再加上前跨帮和后跨帮(帮辕疙瘩),加宽车辕宽度,支撑前后两个车盘子,方便人乘坐。前跨帮和后跨帮的安装见图3-29和图3-30。

图3-29　前跨帮的安装

图3-30　后跨帮的安装

4.车枕加工

车枕是位于第三功能区两端的两块木板,用作车厢载货的前后挡板,还用于外加高挡板的底部依靠。为了美观,车枕两端还被加工成弧形。车枕毛坯长145厘米,宽6厘米,高16.5厘米。车枕位于第三功能区前后两端的暗桄正上方,并通过两个大将军柱和"车"①与底桄串联。车枕与大将军柱的组装见图3-31。

图3-31 车枕与大将军柱组装

5.铺厢板加工

铺厢板铺在第三功能区6根底桄之上,构成车厢底面。铺厢板由3块板组成,总宽度即为车辕净距,每块板长140厘米,厚2厘米。3块板接缝处均要开掩槽,然后用1块掩槽板将2块板连接,掩槽板长140厘米,宽2厘米。3块板组装为一体后嵌入两根车辕之间。

四、立厢加工

立厢由立桄(大将军柱、小将军柱、匀和将军柱)、插板和压厢组成,犹如两道墙壁立于车厢两侧,故名立厢。立厢长约142厘米,高约46厘米。立厢整体以榫卯结构与厢帮辕连接。每侧立厢各有2根大将军柱,共4根,大将军柱下端榫插入车枕和厢帮辕的卯眼中。小将军柱也是每侧各2根,共4根。匀和将军柱每侧15根,共30根。插板每侧18根,共36根。立桄两侧(大将军柱为单侧)开卯槽,插板两侧开榫头,立桄与插板间隔排列,以

---

① "车"是指第三功能区与前后两端的暗桄正中间的卯眼相配合的长榫,上端插入车枕中部,用以连接底桄和车枕。据当地车木匠介绍,大车上每个零件都有各自的名称,只有这个零件没有,所以有人问起时,就管它叫"车"。

企口榫连接。压厢是立厢最上端的横木,通过榫卯结构与立桄和插板上端连接(图3-32)。

图3-32　立厢组装

五、整车装配、刷漆与加固

全部零部件加工完毕后进行总装,主要是将车身、车轮和车轴装配到一起,此外还要装配驾牲畜(牛、马、骡)用的各种铁质配件,如大撩环、小撩环、襻环等。为了美观和防腐,整车还要刷上清漆。最后要对整车易磨损部位进行加固[①]。加固的方法是用铁皮包裹,故需要铁匠配合完成。

[①] 据傅平师傅介绍,整车加固的最高级别是"上不见天,二十四个头不露"。"上不见天"意思是各零件除了朝下的截面,均要用铁皮包裹加固。"二十四个头"是指车辕四个头,车枕四个头,大将军柱四个头,镊子桄八个头,压厢四个头。

第四节

木轮大车制作工时与工价

据高陵区吴师傅介绍,民国时期制作木轮大车,"一副轱辘"(两个车轮)需要三十个"工"来完成,车身加工同车轮加工耗时差不多,整车制作共需六十个"工"。一个"工"指一个木匠工作一天,工作时间安排是天亮后吃饭、开工,天不黑不收工,日出而作,日落而息,每天工作时间在10小时以上。如果是夏天,昼长夜短,少两个"工"就可以完成。两个木匠共同制作一辆木轮大车,大约一个月就可以完成。

民国时期木匠收入不高,据《陕西交通挈要》(1928)载,泾阳县城工价为"木匠一日约二角许,泥水匠一日约二角……骡子一日约四角,四套大车一日约四元,三套大车一日约两元半,二套车一日约一元七八"[158]。三原县县城的木工工价一日也在二角到三角。据傅平师傅说,他的祖父、父亲制车时,每日工钱就是收几斤小麦,当时的一斤小麦价值一角钱。

第五节

木轮大车的使用和现代变迁

一、传统木轮大车的使用

传统木轮大车1949年以前在农村地区虽然常见,但有条件制作和使用大车的是少数富裕人家。据傅平师傅介绍,他的父亲曾说:"庄户人家把日子过好了,要先置地买牲口,然后才能盖房。至于打车,那就成了掂量财力、慢慢思谋的事情。"因为"瓦沟不长田"(房顶不能产粮食),有地有牲口才能发家致富、想打车。在北杜南村有位百岁老人——杜友信,他也曾说:"谁家要想拴一挂车,那他就得起3600个'鸡起'(半夜起床),还要槽边稳,炕边稳。"也就是说,一家子必须起早贪黑辛苦十来年,还得人畜两旺才有可能打得起一挂车。据《陕西省志·民俗志》记载,直到20世纪60年代,关中地区农村衡量一个生产队的贫富,还以这个队拥有牛的头数和大车的辆数作为标准。媒人去姑娘家提亲,也常常捎带一句"人家队上有三辆大车呢",以显示那个村庄很富有。[159]农村制作大车的主要目的为运输物资,服务农业生产,最常运输的就是粪土、麦草和粮食等。但是大车也可载人代步,用途广泛,在大车车厢上方搭上支架,盖上红毡和席子,就可作为婚车使用,此外,还可用于走亲访友、上街赶集、跑长途等。

大车的动力主要源于牲畜,如牛、骡、马等。牲畜通过绳索、挽具与大车连接。牛车与马车、骡车相比,行驶速度慢,载重量大,多用于短途运输,加之牛是耕种土地的重要动力,故牛车在农业生产中作用更大。马车和骡车在长途运输方面具有优势,主要用于货物运输。为了弥补其载重能力的不足,可以增加马或骡的匹数。根据牲畜匹数的不同,当地称其为"单套车"、"双套车"、"三套车"和"四套车"。对此,当地还有一个民谚:"单套灵干,双套好看,三套好吃,四套麻烦。"大车的性能评价指标主要为载重和速度,这与牲畜、道路以及大车自身均有关系。就大车自身而言,载重量可达1000千克。在农村土路上,日常马车的行驶速度约为3千米/小时①。大车上并无专门的制动装置,原因是传统车辆的行驶速度相对较慢,特别是在平坦道路上,依靠对牲畜的控制便可达到减速停车的目的。但是在陡峭的山路上下坡时,大车也需要辅助装置来减速,即在车轮后悬挂一根长木,使长木紧贴车轮。

车辆在道路上行驶难免相遇,陕西地区有一条约定俗成的传统乡规,称为"礼让四先",即小车避大车,上坡车避下车坡,轻车避重车,重车避雍车。当两车路上相遇,重车和下坡车先行,轻车和上坡车主动避让,即使是

---

① 最大载重量和日常行驶速度两项数据均得自傅平师傅的估算,他认为:农村用的大车一般也不会拉太重的东西,拉的比较重的东西就是粮食,拉1000千克左右。他家到老家相距30千米,在过去(20世纪六七十年代),要起得早,天黑才能到,两头要不见太阳。牲口走路和人差不多,30千米路要走一整天,1个小时走两三千米路。胶轮车比人快,这个(木轮)车和人一样快。另据《陕西省志·公路志》记载,3套木轮大车的最大载重量为600千克,每日最大行程为45~50千米。

当官者乘坐的轿车也不能例外[160]。

二、传统木轮大车的现代变迁

木轮大车在中国有两千多年的历史,主要用于物资运输,在农业、贸易、军事等领域发挥了重要作用,从而成为农耕文明时代先进生产力的代表。18世纪以来,工业文明在西方兴起后,不断发展壮大,并强势扩张。在工业文明全球化的浪潮中,农耕文明的多数手工业受到巨大冲击而日渐式微。木轮大车在这样的背景下,逐渐被改造、被替代,然后走向消亡。

大车上的木质轮轴被改造为铁质车轴和充气橡胶轮的直接诱因是汽车的引入和道路现代化。以陕西地区为例,1915年陕西开始引入汽车,20世纪20年代初开通了西(安)潼(关)公路,为在原有大车道基础上修筑而成。由于带有铁质泥瓦的木轮大车碾压公路后会损害路面,1922年12月,省长公署颁布严禁"铁轮大车"行驶汽车路的规定。之后陕西督、省两署又规定在道路中分界沟,或在路旁另辟大车道,汽车与"铁轮大车"分道行驶。此举依然无法较好地解决"铁轮大车"和汽车争路的问题。1930年,陕西省建设厅又严令禁止"铁轮大车"行驶于汽车道上,并规定如有违反,扣车充公,并对赶车者依法严惩。但是当时陕西汽车保有量很少,运输仍旧主要依靠传统大车。据陕西省建设厅1933年统计,仅关中23个县就有木轮车(包括大车和轿车)28273辆。对传统大车进行改造成为解决争路问题的最佳方案。1932年,西安市骡马市玉兴铁工厂掌柜张炳玉在废旧的汽车前桥上安装轮胎,加装木排车厢和车辕,用作厂内人力运输车,十分轻便,还以月租20元对外出租该车,人称"皮轳辘车"。后有西安市东关炮房街"忠恕车驮店"兼营长途运输车户张昆等人尝试用牲畜拖拽,在公路和大车路上都能行驶,且其载重量和速度性能均远超"铁轮大车"。1936年,陕西已有胶轮大车4500余辆,翌年增加为8000余辆,大量行驶于宝(鸡)广(元)和西(安)兰(州)等公路线上[161]。

民国时期,陕西广大农村地区汽车少见,汽车公路也多未修建,物资运输工具依然主要是传统大车和独轮车,直到中华人民共和国成立初期,这种情况仍未明显改变。但是自20世纪50年代起,陕西已开始大力推广胶轮大车和架子车(一种铁轴橡胶轮的人力车),而不再新制传统大车。以咸阳市渭城区为例,1969年咸阳市渭城区有胶轮大车730辆、架子车4922辆。1979年有农用汽车9辆,拖拉机430台,胶轮大车678辆,架子车14441辆。1990年农用汽车比1979年增长13.4倍,拖拉机增长5倍,胶轮大车增长1倍多,架子车增长38.7%。在20世纪下半叶,农村木轮大车几乎被胶轮大车、架子车或机动车所取代,而城市物资运输工具几乎完全为机动车辆[162]。

　　陕西咸阳、西安两地现存木轮大车制作技艺是在国家和地方开展非物质文化遗产保护工作之后重新恢复起来的。从我们的实地调查来看,两地的大车制造从原料、工具设备、工艺流程到产品的制作过程和关键技术,都比较完整地保存了传统技艺的成分。但在交通技术和运输工具极为便利的今天,传统木轮大车在人们日常生产生活中已失去原来的需求市场和存续环境。

第四章 河南平舆太平车制作技艺

河南平舆县现存的太平车,又名大车,是一种四轮、四轴[1]、无辐、无辕的车辆(图4-1)。其载重量较大,速度较慢,转向较难,适合用于平原地区短途大宗物资运输,直到20世纪50年代仍为豫东、鲁西、皖北、苏北等农村地区的主要农业运输工具。这些地区同属黄河、淮河冲积平原,地势平坦,土地肥沃,是小麦、大豆等粮食作物的重要产区;而且这些地区的农村道路在20世纪以前多为平坦的土路,不同于山地和丘陵地区起伏、多弯的道路,也不同于城市的现代公路(现代公路容易被载重太平车的包铁车轮轧坏),适合太平车单次运输大量粮食,故其曾在农业生产中发挥了重要作用。平舆太平车制作技艺已于2007年被列入河南省第一批非物质文化遗产代表性项目名录。

本章基于文献、画作等史料,以太平车这一概念为线索,考证太平车得名原因及其历史源流。2018年10月,笔者赴河南省驻马店市平舆县,对太平车制作技艺进行了调查。

图4-1 太平车(河南平舆县炎黄文化研究会藏)

---

[1] 中国传统车辆的轮轴组合主要有双轮一轴、四轮二轴和四轮四轴。其中:双轮一轴是指一根长(通)轴两端连接两轮,常见的双轮车多为此类;四轮二轴是指每根车轴为长(通)轴,木质,两端连接两轮,本章图4-6辐车即属此类,这一类型车辆在中国古代史料中不常见,但在西方历史早期车辆的考古资料中较为常见;四轮四轴是指每根车轴为短(断)轴,多为铁质,两端连接在"车大体"(即车纵向的长木梁,详细结构参见笔者的实地调查论文《河南平舆太平车制作技艺调查》),图4-1和图4-8即属此类。

第一节
太平车的历史源流

近代以来,车辆根据动力可称为牛车、马车、汽车、火车、自行车等,根据功能可称为货车、客车、洒水车、救护车、救火车等,根据结构可称为独轮车、三轮车、大车、小车等……太平车的命名方式较为特殊,它并非采用以上方式命名。那么,太平车有何含义?因何得名?源于何时?对这些问题的回答,不仅有助于了解中国古代制车技术史,而且对于一项省级非遗来说具有重要的现实意义。但相关的农具史[163-164]、交通史[165]或非遗著作[166-167]、新闻报道,以及当地的一些学者、非遗工作人员对此语焉不详或说法不一,追溯至上古者有之,北宋者亦有之,所列证据也不够充分。

一、北宋时期的太平车

太平车一词首次出现于北宋时期。北宋郭若虚《图画见闻志》载:"支选,不知何许人。仁宗朝为图画院祗候,工画太平车及江州车,又画酒肆边绞缚楼子,有分疎①界画之功,兼工杂画。"[168]该书是一部画史著作,其中卷二至卷四为《纪艺》,记述内容为唐末、五代和北宋时期的画家小传。书中提到北宋仁宗(1010—1063)时期皇家画院的御用画家支选,他善于画太平车、江州车和酒馆边的"绞缚楼子"。该书作者序言:"今考诸传记,参较得失,续自永昌元年,后历五季,通至本朝熙宁七年,名人艺士,编而次之。"熙宁七年为1074年,可知该书成书于1074年后若干年。但此处仅提及太平车和江州车两类车的名称。对太平车形制、使用和性能的首次描述见于孟元老的《东京梦华录》[169],卷三《般载杂卖》载:

东京般载车。大者曰太平。(一)上有箱无盖。箱如栏栏而平。板壁前出两木。长二三尺许。驾车人在中间。两手扶捉鞭綏。〔案〕綏疑当作绥。

---

① 疎,古同"疏"。

驾之。前列骡或驴二十余。前后作两行。或牛五七头拽之。车两轮与箱齐。后有两斜木脚拖。夜中间悬一铁铃。行即有声。使远来者车相避。仍于车后系驴骡二头。遇下峻险桥路。以鞭嘑①之。使倒坐绁车。令缓行也。可载数十石。官中车惟用驴差小耳。其次有平头车。亦如太平车而小。两轮前出长木作辕。木梢横一木。以独牛在辕内项负横木。人在一边。以手牵牛鼻绳驾之。酒正店多以此载酒稍桶矣。稍桶如长水桶。面安厴口。每稍三斗许。一贯五百文。又有宅眷坐车子。（二）与平头车大抵相似。但椶②作盖。及前后有枸栏门垂帘。

此处所言太平车，其形制主要特点有四：一大，二两轮，三无辕有把，四车尾有斜木脚拖。大，主要是指车厢大，以物资运输为目的而设计的，泛称的"大车"，也是因此而得名的。车轮数量有二，而且轮径大，与车厢等高。无辕有把，是指没有用于套牲畜的车辕，从而方便使用二十余头驴或骡子（或5~7头牛）前后两排拉车，牲畜通过靷绳与车连接以传递动力；板壁前的"两木"，笔者推测其功能是用于转向，由车夫手动控制，驾车时车夫即站于车前两木之间。斜木脚拖，置于车尾，共计有二，用于保持车厢平衡，不致后翻。孟元老估计该车一般载重量在数十石，若以50石计之，经笔者计算约合2450千克③。该车没有刹车，故夜间行车时在车上悬挂铁铃铛，以铃声提醒前方行人或车辆；下坡时，让两头牲畜倒拉车以减速。该书作者自序称："仆从先人，官游南北，崇宁癸未到京师，卜居于州西金梁桥西夹道之南，渐次长立，正当辇毂之下。……靖康丙午之明年，出京南来，避地江左，情绪牢落，渐入桑榆，暗想当年，节物风流，人情和美，但成怅恨。"由此

---

① 嘑，同"唬"。
② 椶，同"棕""棕"。
③ 据《中国科学技术史·度量衡卷》介绍，北宋的标准量器是由太府寺制作的太府升、太府斗，北宋后期和南宋由文思院制作并颁发，有文思院一石斛、五斗斛、文思院斗等标准量器，最后其研究认为太府寺制作的量具量值为两宋时期的标准容量量值，1太府斗约为7020立方厘米，1石等于10斗，1石为70200立方厘米，即今70.2升。（卢嘉锡总编，丘光明等著：《中国科学技术史·度量衡卷》，科学出版社2001年版，第377页。）

据《粮食加工与综合利用工艺学》介绍，粟的相对密度为1.13左右，容重为640~700克/升。那么，两宋时期1石粟重42~49千克。孟元老估计有数十石，若按50石估算，且1石按49千克计算，则为2450千克。（郭祯祥主编：《粮食加工与综合利用工艺学》，河南科学技术出版社2016年版，第390页。）

可知,孟元老于宋徽宗崇宁二年(1103)迁居到北宋都城东京(今河南省开封市),直到宋钦宗靖康元年(1126)因战乱南迁,前后在东京生活了23年,晚年回忆东京的繁华景象,于1127年以笔记体写成该书。

北宋张择端本《清明上河图》[170]描绘了北宋末年清明时节东京城内外汴河沿岸的生活图景,绘画风格非常写实,是研究这一时期历史的重要图像史料。画中绘有双轮大车、双轮轿车(或称"棚车")和独轮车等不同类型车辆共15辆,其中有两辆(图4-2和图4-3)十分类似《东京梦华录》中文字描述的太平车。图4-2为四驴二人双轮大车,画工视角为车前,其主要形制特点基本同上文所述:一大,车厢内有乘者同时载有重物;二两轮,但轮略高于车厢;三无辕有把,驾车人在中间;四车尾可见一斜木脚拖;图4-3为大车的后视图,车尾的两个斜木脚拖十分明显。由此我们可以判断,孟元老所言太平车的形制与张

图4-2 四驴二人双轮大车(张择端本《清明上河图》局部)

图4-3 双轮大车后视图(图中右上角,张择端本《清明上河图》局部)

择端所绘的四驴二人双轮大车基本一致。张择端本《清明上河图》的具体绘制时间并无准确记载，据考证应在宋徽宗朝初的十年内（1101—1110）[171]，这一时段与孟元老在东京生活的时段十分接近。

太平车因何得名呢？就河南平舆的四轮太平车，我们曾试着作解释：一种可能是因其有四轮，四平八稳，故称"太平车"；另一种可能是因其难以用于战争，主要适宜于和平时期民用；还有一种可能是民间造车工匠或使用者借以寄托对太平生活的向往。由上文可知，宋代双轮大车也可被称为"太平车"，故第一种解释不甚准确。第二种解释可以找到文献依据，南宋邵博（？—1158）所著《邵氏闻见后录》[172]（成书于宋高宗绍兴二十七年，即1157年）记载：

熙宁年，边吏报契丹将入寇。亟遣中贵人取两河民车，以为战备，民大惊扰。自宰执以下言不便者塘进，俱不省。时沈括存中为记注，一日，侍笔立御座侧，上顾曰："卿知籍车之事乎？"括曰："未知，车将何用？"上曰："北虏以多马取胜，唯车可以当之。"括曰："胡之来，民父子坟墓田庐皆当弃去，复暇恤车乎？朝廷姑籍其数而未取，何伤？"上喜曰："卿言有理，何论者之纷然也？"括曰："车战之利，见于历世，巫臣教吴子以车战，遂霸中国；李靖用偏箱鹿角车，以擒颉利。臣但未知一事，古人所谓轻车者，兵车也，五御折旋，利于轻速；今之民间辎车，重大椎朴，以牛挽之，日不能行三十里，少蒙雨雪，则跬步不进，故俗谓之太平车，或可施于无事之日，恐兵间不可用耳。"上益喜曰："无人如此作□①者，朕当更思之。"明日，遂罢籍民车。执政问括曰："君以何术，而立谈罢此事，上甚多太平车之说也。"括曰："圣主可以理夺，不可以言争，若车可用，其敢以为非。"括未几迁知制诰。

该段文字为作者当时听闻或从书籍中读到的典故，大致内容为宋神宗熙宁年间（1068—1077）契丹入侵，戍边军队征用"两河"（北宋行政区划中有河北东路、河北西路和河东路，河北东路和河北西路包括今冀南以及豫北、鲁北的部分地区，河东路包括今山西大部分地区[173]）民间车辆备战，百姓受到惊扰，朝野议论纷纷，沈括向神宗论述了兵车和民间辎车②的不同特

---

① 此处"□"代表无法辨别的字。
② 原文为"锱车"，但用"辎车"更为恰当，在古籍中也更为常见，故论述中使用后者。

点,认为辎车无法用作战车,神宗采纳了沈括的意见,下令停止征用民车,之后沈括得以升迁。这里提到的"民间辎车"就是指大车,沈括言其多用牛驾,大而笨重,行驶速度慢,遇到雨雪天气,道路变得泥泞,车轮深陷,无法前行,所以俗称为"太平车",只能用于太平时期,战争中无法使用。《宋史·沈括传》[174]也记载了有关沈括的这一故事:

……迁集贤校理,察访两浙农田水利,迁太常丞、同修起居注。时大籍民车,人未谕县官意,相挻为忧;又市易司患蜀盐之不禁,欲尽实私井而辇解池盐给之。言者论二事如织,皆不省,括侍帝侧,帝顾曰:"卿知籍车乎?"曰:"知之。"帝曰:"何如?"对曰:"敢问欲何用?"帝曰:"北边以马取胜,非车不足以当之。"括曰:"车战之利见于历世,然古人所谓兵车者,轻车也,五御折旋,利于捷速,今之民间辎车重大,日不能三十里,故世谓之太平车,但可施于无事之日尔。"帝喜曰:"人言无及此者,朕当思之。"

正史对此的记载虽与前文略有出入,关于太平车的描述也更为简略,但依然进一步证实了该条史料的可靠性。我们基本可以断定,在北宋时期的京畿地区(甚至更大的地域范围内),太平车一词是民间对物资运输大车的俗称,主要特点是大而笨重,行驶缓慢。

南宋朱熹(1130—1200)的《五朝名臣言行录》也提到了北宋时期太平车的使用[175],记载如下:

忠宪公为河北转运使,王太夫人坐太平车,以苇席为棚覆,献肃公乘驴随车,时王文正已贵,忠宪公又作一路使者,其俭如此。今人闻之诚可愧也。

忠宪公为韩亿(972—1044)的谥号,其于宋真宗时期升任河北转运使,赴任途中,他的夫人(时任宰相王旦之女,文正为王旦的谥号)乘坐用苇席做棚的太平车,儿子(献肃公为韩亿三子韩绛的谥号)骑驴跟随,朱熹评价韩亿非常节俭。由此可推知,太平车肯定不是高等级的车辆,加之上文关于太平车的叙述,可推断王太夫人乘坐的就是民间用于运输物资的大车。这种车可能为《东京梦华录》中描述的"宅眷坐车子",其与"平头车"类似,区别在于多了棚盖、前后栏杆和垂帘,而"平头车"又与太平车类似,区别在于比太平车小,且有双辕和牛轭,常驾单牛。"宅眷坐车子"在张择端本《清

图4-4 双辕棕毛盖轿车(张择端本《清明上河图》局部)

明上河图》里也可找到形制特点十分类似的车辆,见图4-4,图中有两辆轿车,图下方那一辆为双辕双轮车,车盖为棕毛所制。这与朱熹所述太平车不同,朱熹所描述的车辆车盖是苇席所制。那种带有苇席车盖的车辆在张择端本《清明上河图》中也有出现,见图2-17,图中有两辆三牛单辕棚车,二牛在后抬杠,一牛在前拉鞘绳,其车盖为苇席所制。朱熹所说的太平车,第一种可能是类似图2-17所示的单辕棚车;第二种可能是图4-4和图2-17中所示车辆的混合体,即将图4-4中的棕毛车盖换为图2-17中的苇席棚盖;第三种可能是图4-2中所示的太平车加上苇席做棚。笔者认为,第二种可能更为可靠,理由是大车单牛拉载1~2人动力足够,双辕转向更为灵活。

南宋王明清(1127—?)的《挥麈录》[176]中记载了"赵正夫与黄鲁直戏剧衔怨切骨"的故事,其中提到太平车:

赵正夫丞相元祐中与黄太史鲁直俱在馆阁,鲁直以其鲁人意常轻之,……正夫又尝曰:"乡中最重润笔,每一志文成则太平车中载以赠之。"鲁直曰:"想俱是萝卜与瓜齑①尔。"正夫衔之切骨,其后排挤不遗余力,卒致宜州之贬。一时戏剧,贻祸如此,可不戒哉。

北宋哲宗元祐年间(1086—1094),丞相赵正夫说他的家乡(汝阴,今安

---

① 齑,同"齑"。

徽省阜阳市)最重视润笔,每一志文写成,同乡都要驾太平车将他送到京城。黄庭坚(字鲁直)开玩笑说送来的都是"萝卜和瓜虀"。北宋时期赵正夫家乡的太平车亦应为民间大车。

北宋宗泽(1060—1128)的诗文集——《宗忠简公集》[177],由南宋楼昉编于南宋宁宗嘉定十四年(1221),卷七《遗事》为后人所记有关宗泽的事迹,其中提及"太平车"一词:

……公从旁赞可之曰:卜以决疑,时有被卤①妇人,从魏县寨中脱走至磁,言见斡里雅布掠太平车,由李固渡相冲如浮桥过南堤,又以船载魏县官妓……

这段文字讲的是,宋朝被掳的一个妇女从魏县(今河北省魏县)逃到磁州(今河北省磁县)时,看到了"斡里雅布"掠夺太平车。由此可知,北宋时期在今河北西路的南部(今河北邯郸地区)也将民间大车称为"太平车"。

元末明初施耐庵的《水浒传》所描写的是宋江聚义的故事[178],历史上确有其人其事,大约发生于北宋徽宗宣和年间(1119—1125)。在第十五回《杨志押送金银担 吴用智取生辰纲》中,北京大名府(今河北省大名县)的梁中书准备了价值十万贯的礼物,要送给远在东京(今河南省开封市)的岳父蔡太师庆贺生辰,这些礼物交由其手下武官杨志负责押送,梁中书最初选用的运输工具即为"太平车子"(十辆),后改用杨志建议的担挑(十一担),后被吴用等人用计夺取,使用"江州车儿"(七辆)运走。此处的十辆"太平车子"和十一人力挑担或七辆"江州车儿"(独轮车)载重量相近,可知这里的"太平车子"绝非孟元老所述的太平车,更可能为其所说的"平头车"。小说虚构成分较多,在此仅作为旁证。

由以上分析可知,"太平车"一词至迟出现于北宋时期,其主要见于北宋文献或南宋以后记述北宋时期旧事的文献,这些文献的作者或文献中涉及的人物也多是在都城东京及附近各府(主要包括今豫东、鲁西、皖北、冀南等地)。由此可以判断,太平车是上述地区对民间物资运输大车的称呼,但其不同于现今平舆四轮太平车,而是双轮车。载货大车之所以得此名,

---

① 卤,古同"掳",掠夺。

是因其主要适宜于太平时期民用,而难以用于军事作战。

二、南宋至清代的太平车

南宋时期,这种主要用于物资运输的车辆常被称为"大车",如周密(1232—1298)的《癸辛杂识》[179]载:

> 北方大车可载四五千斤①,用牛骡十数驾之。管车者仅一主一仆,叱咤之声,牛骡听命惟谨。凡车必带数铎,铎声闻数里之外,其地乃荒凉空野故耳。盖防其来车相遇,则预先为避,不然恐有突冲之虞耳。终夜劳苦,殊不类人,雪霜泥泞,尤艰苦异常,或泥滑陷溺,或有折轴,必须修整乃可行,濡滞有旬日。然其人皆无赖之徒,每挟猥娼,同处于车箱之下,藉地而寝,其不足恤如此。

该书成于1279年南宋灭亡后,已是元代时期,当时作者寓居杭州癸辛街,著书以寄托悲愤,书名即源于此。该段文字主要就大车的使用和性能做了描述,与孟元老所述太平车相比,载重量相近,驾牲畜的数量也类似,故而可判断其也是无辕的大车,且二车形制相近;又言该车也带多个铃铛,但并未指明夜间使用,铃铛应是日夜悬挂于车上,这种大车转向不易,同载人车等小车相比,必须预留更多的准备时间。从《邵氏闻见后录》和《宋史》中对大车的描述可知,大车外出受天气影响较大,直接原因是道路变得泥泞,从而车轮深陷,大车无法行进,严重时会导致车轴折断。作者认为从事运输业的车夫十分辛苦,但不值得同情,因为他们常常在车厢下"挟猥娼",由此可知这种大车车厢下空间宽大,而现今河南平舆的太平车,车铺厢距离地面高度仅为40厘米左右,宽度也不过80厘米,是无法两人以上同处于车厢之下的,于是我们可以推测,周密所说北方大车的轮径可能为140厘米左右,甚至更高。

南宋时期有关太平车被使用的文献记载很少,可能是宋室南渡后,南方民间较少使用太平车的缘故。

---

① 宋代1斤约合661克(卢嘉锡总主编,丘光明等著:《中国科学技术史·度量衡卷》,科学出版社2001年版,第447页)。此处四五千斤,约合2644千克至3305千克。

元代将民间大车称作太平车的也很少,如:元代薛景石的《梓人遗制》[180]中涉及车辆制造,有关民间大车仅言"今之农所用者即役车耳"。王祯所著《农书》中《农具图谱十二·舟车门》提及三类民间物资运输车辆,即下泽车、大车和拖车[181]。陈椿的《熬波图》中提到了熬制海盐工艺流程中用到的两种运柴车:辒车(图4-5)和塌车[182]。塌车类似拖车,辒车是一种四轮、二轴、无辕车,车轮轮辐为"H"形,无轮毂,且车轮位于车身内侧。这三本书均没有提到太平车,原因可能是作者所居之地①民间并不称其为太平车。但元代戏曲中曾提及太平车,杨朝英的《朝野新声太平乐府》②中收录了杂剧作家曾瑞卿的《元宵忆旧·出队子》,其中有"想当初时节,那浓欢怎弃舍,新愁装满太平车,旧恨常堆几万叠,若负德辜恩天地折"[183]。作者在这段曲词中要表达新仇旧恨之多,所以做了具象化处理,新愁可以装满太平车。由此判断,这

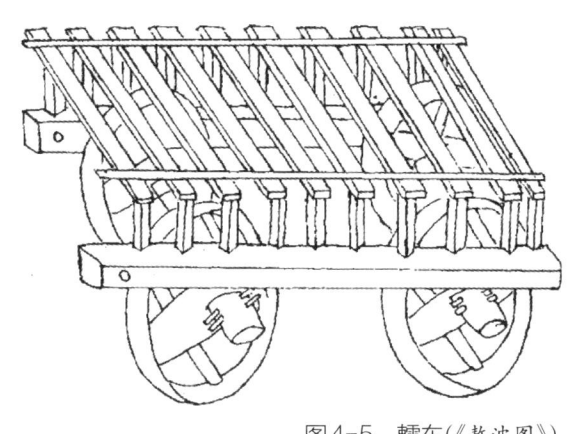

图4-5 辒车(《熬波图》)

里的太平车肯定是运载量很大的车,即民间用于物资运输的大车。

明代郭勋所辑的《雍熙乐府》③也收录了上文的《元宵忆旧·出队子》,其卷五有《寄生草》:"安排着害,准备着抬。异乡身强把茶汤捱,则为那可憎才熬得心肠耐,办着片志诚心留的形骸在。试看那司天台打算了半年愁,端的是太平车约有十余载。"[184]这段曲词对太平车的使用语境与上文类似。薛论道的《林石逸兴》是一部散曲集,该书序言写于万历庚寅年,即

---

① 《梓人遗制》序言称薛景石为河中万泉人,即今山西万荣县人;王祯先后任宣州旌德县和信州永丰县的县尹,两县分别为今安徽旌德县和今江西广丰县,常居于南方;陈椿为浙江天台人,该书为其任下砂场盐司时所著,该盐场位于今上海浦东新区境内。
② 由其序言可知,编于元代至正年间,即1341—1370年。
③ 该书序言写于嘉靖丙寅年,即1566年。

1590年,其中卷七有一首《幻境》:"英杰俊杰,相继花开谢。豪奢富奢,相比灯明灭。富贵功名,春花秋月,都只为百年形舍,一枕蝴蝶。汲汲忙忙死莫歇,使碎太平车,难填无底穴,贪心似铁,有炉锤锤他不裂。"[185]作者为直隶定兴(今河北省易县)人,很可能其家乡也称民间大车为"太平车"。

明代茅元仪(1594—1640)所辑《武备志》中提到一种双轮守城战车,亦称"太平车"[186],并配有插图,其形制与民用大车相去甚远,因何也得此名,令人费解。

清代文献中的太平车,所指有多种情况:一种是指等级较高的载人轿车;另一种是用于物资运输的四轮大车,最接近现今的平舆太平车;大清皇室成员去世后的灵柩从陵墓门口搬运到墓内安放棺椁之处也可借助太平车,乾隆《钦定大清会典》卷五十二《礼部·祀祭清吏司·丧礼三》记载:"金棺于墓前芦殿升太平车,奠献行礼毕,各退,焚楮帛仪仗,至日奉金棺由隧道入墓圹,掩闭墓门。"[187]另外,太平车还可指一种按摩工具和民间舞蹈形式,本书不论。

朝鲜文学家朴趾源(1737—1805)的《热河日记》是一部旅行日记,作者于清乾隆四十五年(1780)随朝鲜使节团赴清朝祝贺乾隆皇帝七十大寿,途经鸭绿江、盛京(今辽宁省沈阳市)、山海关、北京和热河(今河北省承德市),前后历时三月有余。卷二《馹汛随笔》为作者在"自新广至山海关内"途中所记,大概为从今锦州到山海关,其中有"车制"一节:

乘车曰太平车。轮高及肘,三十辐共一毂,枣木团成,铁片铁钉围遍轮身。上为圆屋,可容三人。屋以青布,或绫缎,或羽缎为帐,或垂细帘,用银钮开闭,左右傅玻璃为窗。屋前设横板以坐御者,屋后亦坐从者,驾一驴而行,远道则益马与骡。

载物曰大车。轮高稍巽①于太平车,辐为廿字形。载准八百斤,驾两马。八百斤以外,量物加马。载上以簟为屋,如船篷,坐卧其中。大率驾用六匹。车下悬大铎,马项环数百小铃,郎当警夜。太平车轮转,大车轴转,双轮正圆,故能匀转而行疾。辕下所驾必择壮马健骡,不用衡轭,为小木

---

① 巽,通"逊"。

鞍,再以革条套索,互敛辕头而驾之。余马皆以牛革为鞅鞯,系绳而引之,载重者驾出轮外,高或数丈,引马多至十余匹。御者号称看车的,高坐载上,手执一条长鞭,系两绦,长可二丈,挥绦打中不用力者,中耳中胁,手惯妙中,鞭打之响,震动如雷。[188]

作者对乘车、大车的形制和使用做了较为详细的描述。文中称乘车为太平车,即主要用于载人的轿车,车轮以枣木为材料制成,轮高"及肘"(估算轮径应为110厘米左右),一毂三十辐①,使用铁瓦铁钉加固;可只驾一头驴,故应为双辕;载重量可达五人(三乘客、一赶车者、一跟车者,估算共重300千克),可能比一般轿车要大。此处大车的车轮结构与轿车不同,没有轮毂,轮辐为"廿"字形(即"H"形),而且车轮与车轴固定连接为一体,大车行进时轮轴一起旋转。这并非朝鲜学者的误记,清代满族学者西青曾于嘉庆年间在黑龙江齐齐哈尔任职,著有地方史志性质的《黑龙江外记》一书,成书于1810年,其中有关于太平车的记载:

辒车,牛曳之,一童子尝御三五辆,载粮草类。然富者乘之,以毡氈为盖,蔽风雪,间亦用桦皮,式如棺,号桦皮车,布特哈多此物。近乃有厌其朴野,购太平车于京师者,齐齐哈尔尤甚。一佐领乘太平车,华丽值百金,将军观明偶见之,怒斥其侈而非礼,其人谢罪,藏其车乃已。[189]

作者在此将辒(音同"洛")辒车与太平车进行了对比,辒辒车可作为载物之大车,加上车篷也可作为富人的乘车,但与太平车相比,其依旧简陋,所以有富贵之人从京城(今北京市)购买太平车,十分奢华,价值百金,这应为一种高级轿车。曾国藩在家书《咸丰二年八月初八日与纪泽书》中也提到这一类型的太平车[190]:

驮轿要雇即须二乘,尔母带纪鸿坐一乘,乳妈带六小姐、五小姐坐一乘。若止一乘,则道上与众车不同队,极孤冷也。此外雇空太平车一乘,备尔母道上换用。又雇空轿车一乘,备尔与诸妹弱小者坐。其余用三套头大车。我之主见,大略如此。若不妥当,仍请袁姻伯及毛、黎各老伯斟酌,不必以我言为定准。

---

① 此处应存疑,今所见清末民国轿车,轮辐多为十六或十八,三十辐之说,恐是作者受其所阅读的书籍影响,比如《考工记》《天工开物》等,由日记下文可知,作者肯定读过《天工开物》。

曾国藩听闻母亲去世，给儿子纪泽写信，命家人离京奔丧，其中交代妻子、女儿等人出行时选用交通工具的种类和数量，有驮轿、太平车、轿车和大车。由此可知，此处太平车应为乘车，而且比轿车舒适程度还要高，可能更为宽敞，可坐可卧。清代满族人文康的《儿女英雄传》①第二回讲到有一位安老爷从北京升迁外调，举家迁徙时要安排交通工具，相关内容如下：

……共有二十余人，老爷一辆太平车，太太一辆河南棚车，其余家人都是半装半坐的大车。[191]

此处太平车应为高档轿车，河南棚车为载货大车加棚改装而成的载客车。大车既需载物，同时载人。该小说是一部清代人所写的康熙末年、雍正初年这一时期的故事，可以作一旁证。

民国时期，李景汉曾在定县（今河北省定州市）农村做社会调查，据此写成《定县社会概况调查》（1933）一书，其中涉及交通运输状况，定县运输工具主要为大车，大车分大敞车和太平车两类，"不带席棚的为大敞车，带席棚的为太平车"[192]。该县乡村婚礼风俗中新郎迎娶新娘后次日二人要乘坐轿车或太平车回新娘家。由此可知，当时定县的太平车是农村物资运输大车加棚改装的载客车。

与现今平舆太平车形制最为接近的车辆见于清院本《清明上河图》[193]，其中有一辆载货大车（图4-6）的形制特点为四轮、无辕、无辐且有护轮框（即外体、将军柱和外把），与现今平舆太平车的形制特点几乎无异[194]，细微差别在于车尾。

与现今平舆太平车形制类似且被称为太平车的文字描述，最早见于清代道光六年（1826）刊行的《颍上县志》[195]，其中卷五载有：

太平车，四轮，不辐，轵高尺余，无辀辕，置四环以系靷，上置左右枍前，后收启闭无常，载而至田，二人以背倚其偏掀而覆之，由其所覆正之。逐头车，三轮，不辐，大轮二，置如他车，小轮可八九寸，支其前，使车不得轩轾，辀下曲不以驾歧，其末以受轮，靷镳与太平车同，车皆不行远，商贾小车独轮者与他地同。

---

① 大致成书于道光年间，即1821—1850年。

图4-6 载货四轮车(清院本《清明上河图》局部)

清代颍上县(今安徽省颍上县)的太平车,四轮、无辐、无辕,卸车方式也与现今平舆太平车无异,多用于短途运输农业物资。与现今平舆太平车形制完全相同的四轮车的图文描述见于清代麟庆(1791—1846)的《河工器具图说》[196]:

四轮车,即任载之牛车,缚轭以驾牛者。工次用以载秸料,俗谓之料车是也,而什物行李亦以此装运往来。……今惟四轮车驾牛,间有牛马兼用,若乘车则无驾牛者矣。

麟庆于道光年间任江南河道总督,故撰该书,序言称"每遇一器必详问而深考之……绘图以尚其象,立说以推其原"。书中卷四《储备》描述的四轮车主要用于运输建筑河堤的材料,所以俗称为"料车",可见此车常用于大型土木工程中的材料运输。"说"提供的技术信息很少,但其所绘插图(图4-7)包含的技术信息却十分丰富,不仅描绘了车的形制,还包括系驾牛马用具、刹车转弯用具等。图中四轮车不仅是四轮、四轴、无辐、无辕,还有护轮框和抬杆,"平寨"即今之"吊楔",悬挂于前后车轮之间,用于刹车或转向,"牛梭"为套在牛颈上的车轭,以上皆与现今平舆太平车无异。此外,图中还绘有"扎包"和"夹板",为系驾骡马之具,功能同"牛梭";"车别棒",可能在车轮陷于淤泥中时使用,先用挖泥钩将泥挖走,再用其将车轮撬出。

由以上分析可知,南宋至清代的都城均不在中原地区,或北或南,这些

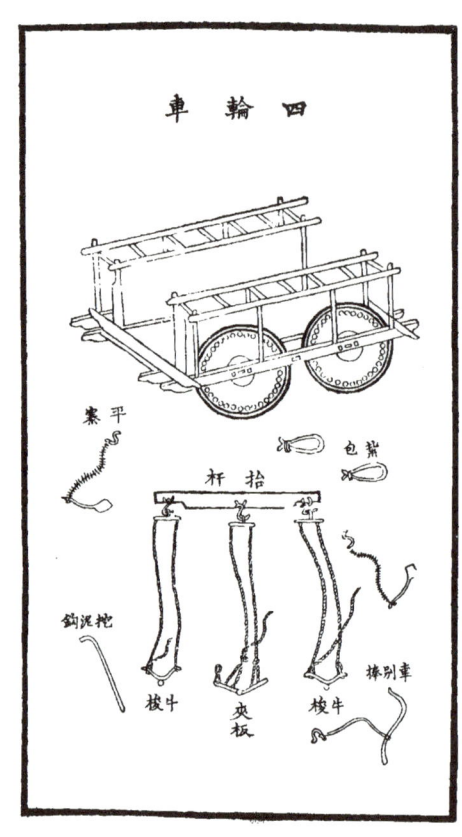

地区将民用物资运输大车直接称为"大车"(得名原因是其比载客车、独轮车等车辆的形体要大),所以"大车"一词常见于南宋至清代的文献。但是太平车作为大车的别称依然偶见于曲词,用于描写戏曲中主人公的哀愁之多。清代文献中太平车的含义有多种:北京及其附近地区、盛京(今辽宁省沈阳市)至山海关一带将多用于载人的高档轿车称为"太平车",但在中原地区的农村依旧将物资运输大车称为"太平车"。明清两代,四轮车已在大型土木工程中广泛使用,而且在清代与现今平舆四轮太平车形制十分相近的太平车已见于画作和文献记载,所以从"双轴"到"四轴"的技术变革至迟发生于清代中前期。

图4-7 四轮车(《河工器具图说》)

三、民国至20世纪50年代的太平车

上述清代颍上县地方志所描述的太平车可在后世相邻地区的地方志中找到旁证,《阜阳地区志》(1996)记载:"清代和民国年间,民间运输工具有独轮人力红车、独轮人力土推车、四轮畜力大车(亦称太平车)、畜力马车。"[197]在同处皖北的淮北市,民国时期也常用这类太平车,《淮北市志》(1999)记载:"太平车,亦称大车或牛车,始于汉代,是50年代以前市境农村普遍使用的运输工具,四轮,无辕,车身呈长方形,厢内乘人或载货,车帮、底、轮均为木质,轮与厢齐高,轮周围嵌铁瓦,铁质轴,以棉油或蓖麻油润滑,绳索并套2~4头牛,载重吨余,日行15~20千米,缓慢而平稳。

1958年后渐被淘汰。"[198] 图4-8为《安徽农具发展史图说》中展示的淮北农村使用的太平车[199]。

民国时期,这一类型的太平车在豫东平原地区使用最为广泛。民国

图4-8 淮北农村的太平车(《安徽农具发展史图说》)

《分省地志·河南》(1927)记载:"太平车,四轮无辕,箱长方形,载重可数千斤,以索并驾四牲,有于前列再驾三牲,合为七牲者。"[200]又据《续安阳县志》(1933)记载:"……近年黄包车盛行,城中人视为唯一代步,乡间虽间或遇之,均系由城拉坐而出,普通所用仍为太平车、马车、轿车。路政待修,汽车犹未通行也。"[201]民国《通许县新志》(1934年,通许县今隶属于河南开封市)记载:"农家多用太平车,惟县西北一隅,沙地多,用马车,行人多用土车、驴子,而用轿车者甚少。凡遇嫁娶多用肩舆,或用车代之,所养牲口,以牛为最多,次之骡马,更次之用以耕田收获转运者,多用以乘坐行路者,近间亦有足车或坐胶洋车者。"[202]民国《汲县今志》(1935年,汲县今为河南省卫辉市)记载:"太平车,俗称大车,四轮无辕,车箱甚巨,大小略如大都会之运货汽车,专运农产品,载重可数千斤。黄河以北各县,几家有二十亩田地以上者,必备此车,故几于触目,皆以缰并驾四牛,有于前列再驾三牛,合为七牛者,亦有参用骡马者。"[203]《重修汝南县志》(1938年,汝南县今隶属于河南驻马店市)记载:"……而城乡旧有之轿车、马车、两轮牛车、四轮之太平车、黄包车以及最近之脚踏车,客货往来,直达四境,惟土路无力修改,设遇阴雨,泥泞载涂①,则不免有废沮之叹焉耳。"[204]通过进一步查阅中华人民共和国成立以来的地方志得知,20世纪上半叶河南豫东平原农村地区普遍使用太平车作为农业运输工具[205]。关于太平车形制、性能或使用的描述广泛见于河南安阳、鹤壁、濮阳、新乡、开封、商丘、周口、驻马店等地的方志[206-213]。自20世纪50年代起,太平车在这些地区的使用逐渐减少,到80

---

① 涂,同"途"。

年代初基本被淘汰。

民国时期,太平车在山东西北、西南平原农村地区也十分常见,被称为"四轮大车"或"葫芦头车"[214],聊城地区还称其为"四轱轳头车"[215]。民国《续修清平县志》(1936)记载:"四轮车,四轮,无辕辐,制造极简单,康庄以东多习用之,为境内特殊之车式,惟车轮太小,不适泥涂,辙亦较窄,与其他车辙不多能合,一遇坎坷,每致倾覆。"[216]清平县,1956年建制被撤销,其辖区位于今聊城地区,该地太平车车辙较窄,与现今平舆太平车(轮距约110厘米,较双轮马车要窄)类似。民国《东明县新志》(1933)记载:"四轮载重大车及两轮大车、人力小车,为运输所必需,兼供坐乘轿式车。"[217]东明县,今隶属于山东菏泽市,《菏泽地区志》(1998)中记载,该地区在1953年以前使用的旧式农业运输工具有两轮大车(又称"辕车")、四轮大车(又名"太平车")和独轮车等[218],据此可知,山东地区民国方志中的四轮大车也被称为"太平车"。太平车在山东地区20世纪60年代已少见,70年代基本被淘汰。

由以上分析可知,20世纪上半叶在豫东、鲁西、皖北等平原地区的农村,四轮太平车被广泛使用,直到20世纪50年代使用量逐渐减少,到70年代末或80年代初基本被淘汰。

四、小结

北宋时期的文献或南宋以后记述北宋时期旧事的文献多次提及"太平车",这些文献的作者或文献中涉及的人物多生活于都城东京及附近各府(主要包括今豫东、鲁西、皖北、冀南等地),"太平车"是上述地区对民间物资运输大车的称呼,具有鲜明的地方性。"太平车"因其主要适宜于太平时期民用而得名,难以用于军事作战。南宋至清代的文献将民间物资运输大车多称为"大车",而很少称为"太平车",原因是南宋至清代的都城均不在中原地区,或北或南,伴随政治文化中心的转移,文人对交通工具的书面称呼也会发生改变。但是"太平车"一词并未消亡,作为大车的别称依然偶见于元、明两代的曲词中,用于描写戏曲中主人公的哀愁之多。清代文献中的"太平车"有多种所指,北京及其附近地区、盛京至山海关一带称用于载人的高档轿车为"太平车",而在中原地区的农村依旧称物资运输大车为

"太平车"。

现今平舆太平车的历史至迟可以追溯至清代中前期,从双轴到四轴的技术变革即于此时发生,但用于物资运输的双轴四轮车在元代就已出现。民国以降,在豫东、鲁西、皖北等平原地区的农村四轮太平车被广泛使用,自20世纪50年代开始使用量逐渐减少,70年代末至80年代初基本被淘汰。自2005年以来,国家和地方开展非物质文化遗产保护工作,平舆太平车的制作又重新恢复起来。

第二节 太平车制作技艺传承

太平车,又名大车,是一种无辕、无辐、四轮、四轴的车辆。它的载重量较大,适合用于平原地区的短途大宗物资运输,直到20世纪50年代仍为河南、山东、安徽、江苏等省部分农村地区的主要农业运输工具。平舆太平车制作技艺于2007年被列入河南省第一批非物质文化遗产代表性项目名录。

民俗学、民族学、科技史等领域的学者已对民间现存传统制车技艺做了一些调查和研究[219-222],周昕[223]、黄世东[224]还分别对其家乡鲁西、皖北地区太平车的结构和使用等情况做了描述。为了深入认识太平车的传统制作技术,2018年10月,笔者赴河南省驻马店市平舆县,对太平车制作技艺进行了调查①。图4-9和图4-10分别为平舆挚都民俗博物馆收藏的太平车和平舆炎黄研究会2012年新制的太平车。

徐麻龙(1884—1967),平舆县李屯乡人,会打制太平车、辕车、轿车、木牛等,其产品广销周围数县。他1950年参加汝南县基层工会,任基层工会委员。由于木工技艺精湛,1958年他被调到信阳第一高级中学,任木工师傅。1967年病逝。

---

① 本次调查主要访谈了赵华章师傅、彭树轩师傅、张耀征副研究员和闫小伟副馆长。张耀征原为平舆县文管所所长,还曾任平舆炎黄文化研究会秘书长,是2012年复制太平车时的主要负责人之一,闫小伟现为平舆县文化馆副馆长,负责并全程跟踪了2017年复制太平车的过程。

图4-9 平舆挚都民俗博物馆收藏的太平车

图4-10 平舆炎黄研究会2012年新制的太平车

图4-11 赵华章师傅(中)

赵华章(1935—)(图4-11),平舆县李屯乡孙坡大队人,幼时父母双亡,未上过学,工作后上过两年夜校。他14岁开始学习木工手艺,师从韦学志(原为安徽临泉县韦寨村人,会做农具、家具,建房子,"全活儿",但是不做车),学习了两年,最初学放树、拉大锯、拉小锯、凿卯眼,后来基本学会了农村全套木工活儿,如制作耙、拖车、桌椅板凳、案板、门窗,投(制作)犁,箍桶,砍梁檩(建房子),合寿材,等等。后因故不得不离开,他便计划去汝南县,因为那里木匠铺多,可以学得"铁"(强、精)。恰巧途中遇到李屯乡的另外一位木匠许天朋,许天朋请他帮忙做了一整个春天,管吃管住,但没有工钱。1950年,赵华章拜在徐麻龙门下学习制作大车,前后一共做了5辆太平车和1辆木轮辕车(即双辕双轮大车)。1952年秋,他被平舆县(1951年国务院复置平舆县)总工会调到县里建设县城,成为工人,没有再回农村。1956年,他所在的单位改建为平舆木业社,次年又改建为木器厂(集体制),他任团支部书记。1958年,木器厂改为建筑局,他任木工车间主任。1971年,他被调到化肥厂,负责机械安装,并成为领导班子成员。1981年,他被调到机械厂工作,直到1986年退休。

彭树轩(1962—),小学未毕业,十几岁随父[①]学习木工手艺,1979年起在一家制作家具的木匠铺工作。2012年跟随孟庆国学习制作太平车。当时平舆炎黄研究会计划复制两辆太平车,聘请老木匠孟庆国[②]做技术指导,由孟庆瑞、彭树轩和彭东风具体施工。借此机会,有多年木工基础的彭树轩掌握了太平车制作技艺,后又制作了两辆。他现为驻马店市非物质文化遗产代表性项目代表性传承人。

第三节 制车准备工作

太平车制作前需要做一系列准备工作,比如场地安排、人员安排、通用工具准备、专用工装设备的设计与制造、材料准备等。

一、场地安排

部分木匠在集镇开设木匠铺,有专门的作坊或工场,规模较大,收徒较多,既接受定做,也会将加工好的成品带到集市或庙会上销售,且有能力同时加工多辆太平车或其他木器。有些木匠为庄户人家,收徒较少,主要是背着工具箱到户主家里做工,闲暇时也会自备木料在家中加工各种木器,到集市或庙会上出售。

[①] 彭树轩的父亲叫彭小叉(1931—2003),主要做门窗等木器,不会做车。
[②] 孟庆国是木匠,会制作太平车,其父既会木匠活儿也会铁匠活儿,其弟孟庆瑞也两种活儿都会。孟庆国、孟庆瑞均已去世。

二、人员安排

规模较大的木匠铺,徒弟多,需要分工协作,师傅"掌线",技艺较为成熟的徒弟依墨线开锯截料,加工榫头,刚入门的徒弟在师傅的指导下凿卯眼,将多辆车的零件全部加工好后,最后统一"合车"(车大框组装)。一辆太平车前期制作过程中至少需要三人,一位师傅和两个徒弟,但"合车"时至少需要六人协作完成。

三、工具准备

农村制车木匠一般同时也掌握制作农具、家具、门窗等的技艺,还可在盖房建屋时"领作",所以他们的木工工具十分齐全,常用的有锛、凿、锯、刨、锤、钻、墨斗(墨笔)、直尺、拐尺和五尺杆等。

(1)锛,主要用于去树皮、树杈。

(2)凿,根据刀口宽度分为2分凿、5分凿和8分凿等,主要用于凿卯眼。制作太平车常用5分凿和8分凿,还使用刀口为弧形的圆凿。

(3)木工常用的锯依用途主要分为三类:一是特大锯,主要用于伐树,需二人配合拉锯;二是大锯,锯柄间距约1米,主要用于将去皮原木解板,解板时需将木料斜向或竖向架起来,二人配合拉锯;三是普通锯,锯柄间距在1米以下,加工零件毛坯或开榫时使用,为单人用锯。此外,还有线锯、手锯(非传统工具)和根据特殊用途专门制作的异形锯。

(4)刨子的种类多样,名称繁杂,如长刨、短刨、净刨、线刨、槽刨、圆刨等,主要用于刨平木料或画线开槽。在平舆民俗博物馆还有可调节的刨子:一种是刨身一分为二,用螺杆连接,可调整刨身宽度;一种是推把为"活把",可左右移动。

(5)锤,有大铁锤,平舆当地称为"游锤",主要在"合车"时使用,还有一种小手锤。

(6)钻,主要用于小孔加工,有两种:一种是"扑棱子钻",单人操作;一种是"手拉钻",双人配合操作。太平车加工时主要用后者。

(7)墨斗,用于画线,有木质、竹质、牛角质或金属质的,墨斗里还插一支直的竹质或木质墨笔,有的墨斗造型考究,带有镂刻花纹或雕刻有"福""禄""寿"等文字。

(8)直尺,最小刻度为分,一尺长,又称"木工尺"。

(9)拐尺,也称"直角尺",无刻度,主要用于画直角。

(10)五尺杆,是五尺长的尺子,主要用于较长尺度的测量,如木匠到农村采购木料,常常扛着五尺杆,村民一见便知来者为"买树"的木匠。

四、材料准备

太平车同双轮大车一样,主要为木结构,但是太平车对加固所用铁质零件的数量和质量要求更高,以至于用户选购太平车时不仅关心木匠铺名号,还会同时询问铁匠铺名号。

木匠主要在冬季选购树木。制作太平车的树种为国槐、榆树、椿树或桑树[1],其中国槐最优。槐树周长要求为1~1.2米,榆树和椿树周长应为1米以上,当地有民谚称"椿老如槐,槐老如柴",意为:椿树越粗大,颜色接近红黄色,材质越好;而槐树过于粗大(一般直径30~32厘米即算),树干就会空心[2],材质变差。此外,榆树也是越粗大,材质越优。原木的长度应为2.5米以上,越长越好,有民谚称"长木匠,短铁匠",意为木匠不怕木料长,铁匠不怕铁料短。选购的树木还应无虫蛀,树干笔直者为佳。

新砍伐的原木还需要经过"水杀"、阴干和"熏炕"三种预处理后才能用于太平车加工。"水杀",将新伐的原木投入水质清澈的沟塘中,在水中浸泡9~12个月[3],树皮会自然脱落。这种预处理可预防木材腐朽变质和虫蛀(破坏了蛀虫、虫卵和微生物的存活环境),抵御开裂和变形,加强木料的耐久性,从而延长车辆的使用寿命。阴干,将"水杀"后的原木捞出,去除残皮,

---

[1] 赵华章认为桑木不可以做主料(如车大体和大撑,即车的框架),只能做辅料(如车轮),因为桑木虽然结实,但是"性子赖"(容易变形)。彭树轩认为国槐木和桑木都是做太平车的好木料,椿木是"赖材",小家小户用的,地多的人家不用,而洋槐(又称"刺槐")木容易变形,不能用于制作太平车。
[2] 空心树的形成机制是生态学研究的问题,已有研究将其归因于物理、生物环境的影响,比如微生物或动物的侵蚀,致使树干中心腐朽。
[3] 彭树轩介绍,"水杀"时,在水里至少要泡一年,多的泡三年,时间越长越好,湿木头能"水杀",泡十年八载不坏,干木头不行,一年就坏。此外,椿树和槐树需要"杀",而桑树一般不需要。

置于通风处天然干燥5~6个月。"熏炕",又称"炕板子",将阴干后的木材解为板材,并挖一个长方形地坑,在其中生火(不能有火焰),将木料置于坑上用烟熏烤8~10天,用烟气作为干燥介质和载热体,进一步去除木料中的水分[1]。每个制车木匠对如何预处理木料的认识和习惯并不一样,加之每次制车的实际条件也有差异,并不会完全严格按照上述步骤预处理木料,而是进行简化。有的会减少原木"水杀"时间,将其沤一夏或一冬,甚至省略"水杀"步骤;有的并不采用阴干和"熏炕",而是仅仅晒干,干燥一夏或一冬即可。

制车所用金属材料主要为生铁和熟铁,涉及铸造、锻打等工艺,多数生铁铸造件和熟铁锻打件都已有标准件,可在铁匠铺直接购买。太平车上需用铁器加固的地方非常多,依铁器加固的多少可分为几个档次,如"三板车""五板车""大三板车""大五板车"等。此外,有一种很少见的"八大铜"太平车,采用铜质零件来加固和装饰,应为极富有人家的特殊要求,用以显示地位和财力。

第四节　制作工艺流程

"掌线"的师傅必须具有丰富的制作、维修太平车等木器的经验,对太平车的结构、关键技术参数、工艺规程、产品性能预期和制作周期等产前设计与计划内容早已内化于心。太平车的结构主要分为车厢和车轮两大部分,此外,还有一根可移动的零件——"车抬杆"。木匠铺同时加工多辆太平车时,一般先加工出各零部件,然后统一组装。"掌线"师傅下料时遵循"先下主料、后下次料,先下长料、后下短料,先下大料、后下小料"的原则,以达到充分利用木料、降低成本,同时保证产品质量的目的。下料时,木匠还会为接下来的工序留出加工余量。制作工艺流程[2](图4-12)如下:

---

[1] 赵华章认为,制作太平车主要零部件的木料不能"炕"干,必须采用天然干燥,阴干或晒干均可,阴干的最好,只有站厢和铺厢所用的木板可以"炕"干。
[2] 此处工艺流程为笔者按照零部件分类来表述,不完全符合实际每个零件的加工顺序,这样做是为了行文逻辑结构清楚。实际的加工顺序与材料准备、掌线师傅的习惯、人员数量等因素有关,但大致工序是对的。

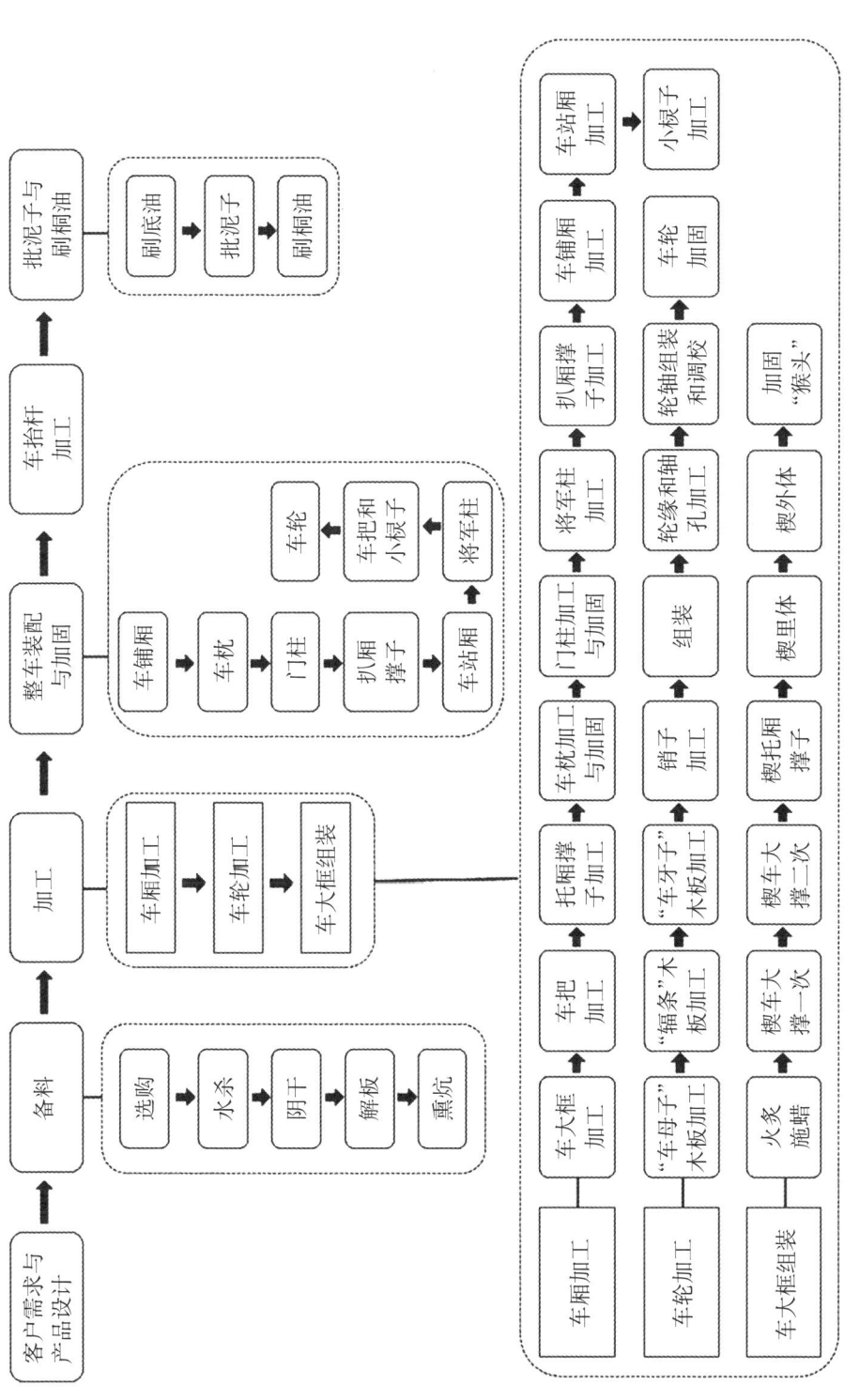

图 4-12 太平车传统制作技艺流程图

一、车厢加工

太平车载重量大,而且卸车时常常直接倾翻,这对车厢的强度要求极高,所以不同于双轮有辐大车,太平车结构中车厢较车轮更为重要,它决定着大车的性能和使用寿命,其制作技艺的好坏也就更能反映木匠水平的高低。车厢又包括车大框、车把、车站厢、车铺厢、车枕和将军柱等零部件。

1.车大框加工

车大框,是太平车的主体结构,在承受所运物资的荷载方面起决定性作用,故其应有足够的强度、刚度和稳定性。车大框由车大体(2个里体、2个外体)和3个车大撑组成。

(1)车大体毛坯加工。里体和外体,也简称"大体",大小完全一致,长约220厘米,宽13~15厘米,厚6~7厘米。

(2)车大体卯眼一次加工。4个大体各有3个卯眼,与3个车大撑的榫头连接,里体卯眼宽6.7厘米,外体卯眼宽6厘米,厚4~5厘米,两个卯眼(内沿)间距83.3厘米。每个里体还有4个卯眼,与4个托厢撑子榫头连接,每两个大撑之间均等距排列两个托厢撑子(即托厢撑子位于车大撑间距的四等分点上),卯眼宽6厘米,厚约2.6厘米,深约3.3厘米,卯眼(内沿)间距约23厘米。下线时,必须将4个大体并排放在一起同时下线,以保证与4个大体上相对应的卯眼均可共轴。有些木匠将4个大体中间和一侧的卯眼线位画定后,便将其中一根大体掉头放置,并依此画另一侧的卯眼线位,以减少测量与计算的麻烦。

(3)车大体加固。在车大框组装之前,需用铁器先对加工或使用中容易破损之处进行加固。每个大体上与车大撑榫头连接的卯眼需加固"护眼锔子"和"护眼钉",用于防止车大框组装时卯眼周围被撑裂。每个卯眼需4个护眼锔子,靠近车厢的里侧2个,外侧2个,分别位于卯眼左、右两侧;每个卯眼需护眼钉2个,同样位于卯眼左、右两侧,但需自上而下穿过大体。每个大体安装车轴的位置在大车载重时所承受荷载最大,易弯折、开裂,上、下两面各加固一道"过体板子",用两根"过体钉"固定。此外,稍微高档些的太平车,4个大体的体头需加固"体帽子",又称"和尚头帽子",即用铁板将体头从上到下包裹住,并用大钉帽的"过体钉"固定。体帽子总长约82厘米,宽6.7厘米,厚2~3毫米。

(4)车大撑毛坯加工。车大撑毛坯为长方体形状,长147厘米,宽9.3厘米,厚6.7厘米。

(5)车大撑榫头加工。每个大撑两端均需加工出榫头,每个榫头与里体和外体用两个卯眼连接,榫头宽度从根部到梢部渐窄,根部宽9.3厘米,梢部宽约6厘米,高33.3厘米,厚约4厘米。榫头类型为双肩榫。车大撑榫头与里体卯眼的连接为过盈配合,以保证连接牢固度,当地称其为"硬八分"。

(6)车大撑榫头加固。车大撑榫头需用"撑帽子"加固,撑帽子总长约76厘米,宽约4厘米,厚2~3毫米,打铁匠将其折成"冂"字形,可正好套在榫头上。实际加固工序需在车大框组装时进行。

2. 车把加工

车把,是与车大体同长的4根长方体形状的零件。两根位于车站厢上方,与门柱和扒厢撑子连接,称为"里把";另外两根分别位于两个外体的正上方,与将军柱连接,称为"外把"。里把和外把处于同一高度,水平方向通过小楥子连接。车把,既方便使用者手动推车,还可以在载物时当作座位。

(1)车把毛坯加工。车把毛坯长220厘米,截面6.7厘米见方。

(2)车把卯眼加工。每根里把上有三类卯眼:第一类与门柱榫头连接,位于车把两端,共2个,为透卯;第二类与扒厢撑子榫头连接,位于车站厢上前后门柱之间,共4个,等距排列,为透卯;第三类与小楥子榫头连接,位于门柱之间,共8个,等距排列,为半卯。每根外把上有二类卯眼:第一类与将军柱榫头连接,共4个,等距排列,为透卯;第二类与小楥子榫头连接,要求与里把相同。车把上任意相距较近的卯眼之间距离均应在2厘米以上,以保证车把强度。

(3)车把端部把手加工。每根车把两端,加工成圆形,直径以适应成人手握为宜,长度为12~15厘米。

3. 托厢撑子加工

托厢撑子,是与3根车大撑平行排列、共同支撑车铺厢的4根长方体形零件。托厢撑子毛坯长87厘米,宽6.7厘米,厚5.3厘米。每根托厢撑子的两端分别加工出榫头,与相应的里体卯眼连接,榫头高3.3厘米、宽6.7厘米、厚约2.6厘米。此处榫头与卯眼过盈配合,当地称为"硬二分"。榫头类型为单肩不透榫。

4. 车枕加工与加固

车枕是横置于太平车前、后两根车大撑上方的木板,用作车厢载货的挡板,还用于加高挡板的底部依靠。车枕毛坯长约133厘米、高约13.3厘米、厚6.7厘米。每块车枕有两个卯眼,分别与两个门柱下端榫头连接,为透卯。每个卯眼两侧也要打入护眼钉,以防楔入门柱榫头时,将卯眼周围撑裂。车枕下方还要开口,以便与4个大体吻合,并开长槽,用于连接铺厢板的端头。车枕上方需加固一道"门前铁",长80厘米、宽6.7厘米、厚2~3毫米。4个带有大钉帽的"撩枕钉"将"门前铁"、车枕与车大撑牢固地连接在一起。

5. 门柱加工与加固

门柱是车站厢两端的长方体形状的立柱,前后各2根。其毛坯高约42厘米,宽8.3厘米,厚约6.7厘米。门柱上端开榫与车把连接,下端开榫与车枕连接,侧面开卯槽与站厢板连接。高档次的太平车在门柱内、外两侧还要加固两道薄铁板,称为"铁门口"。

6. 将军柱加工

将军柱是连接外体与外把的立柱,共计8根,形状依工匠的审美或习惯不同而有异,或为圆柱体,或为长方体,或为上圆下方形。将军柱的毛坯高约58厘米,截面6.7厘米见方。每根将军柱上、下皆开榫头,分别与外把、外体连接,皆为透榫,此处榫头与卯眼过盈配合,当地称其为"硬二分"。

7. 扒厢撑子加工

扒厢撑子,又简称"扒厢"或"扒墙",是紧贴车站厢板的长方体形状的零件,与车把、门柱和里体共同构成车站厢的框架,每侧车站厢有4根,等距排列。扒厢撑子毛坯高约42厘米,宽6.7厘米,厚约3厘米。每根扒厢撑

子,分别与里把、里体连接,皆为透榫①。为了增加车站厢的强度和稳定性,高档次的太平车还可安装长铁条(宽约2厘米,厚约3毫米),与扒厢撑子的功能和连接方式相同,每侧车厢两根,位于门柱与扒厢撑子之间。

8. 车铺厢加工

车铺厢,由多块铺厢板拼接而成,位于托厢撑子和车大撑之上,上表面与里体平齐,两端卡在车枕与车大撑之间。车铺厢板多为5块或7块,长约188厘米,厚约3.3厘米,宽度不限,视余料情况而定。车铺厢在整车装配后,需用铁锔子加固相邻铺厢板之间的连接,同时铁锔子的脚需穿过铺厢板和车大撑(或托厢撑子)将二者连接,一般加固3列即可,即中间车大撑、两端托厢撑各1列。

9. 车站厢加工

广义的车站厢应包括门柱、扒厢撑子、里把和站厢板,木匠口头表达时,又常专指站厢板。车站厢,同车铺厢一样,由多块木板拼接而成,长约176厘米,厚约1.7厘米。较为精细的木匠还要在门柱上开卯槽,用以连接站厢板的端头。车站厢在整车装配后,需用锔子加固站厢板之间的连接,同时铁锔子的脚应穿过站厢板和扒厢撑子将二者连接。

10. 小楔子加工

小楔子是将里把与外把相连的圆柱体零件,每侧8个,共计16个。小楔子毛坯长约20厘米,3.3厘米见方。左、右两端开榫头,用以分别连接里把和外把的卯眼,皆为单肩不透榫。

二、车轮加工

车轮,当地又称为"钻轮子",是由多块木板拼接而成的轮盘,东汉许慎《说文解字》称这种无辐车轮为"辁",每辆太平车需要4个。每个车轮由1

---

① 赵华章师傅认为,扒厢撑子上、下榫头皆为半榫,与其连接的卯眼不能掏透。但是平舆挚都民俗博物馆收藏的老旧太平车,上榫头为透卯,下榫头无法看到;平舆炎黄文化研究会2012年新复制的太平车,上、下榫头皆为透卯。据此可知,不同木匠对榫卯结构使用不同,透榫可增加连接的牢固度,但会损害带有卯眼零件的强度。

块"车母子"、2块"辐条"①、2块"车牙子"和3道销子组成,另需加固若干铁器,包括轮瓦、沿边瓦(或沿边钉,或沿边锔子)、瓦钉、锔子等。车轮直径约80厘米,左右轮距110厘米左右。

1. 木板加工与组装

车轮由5个零件"车母子"、"辐条"和"车牙子"拼接而成,3道销子贯穿其中将其连为整体。"车母子"是车轮正中间的一个零件,车轴孔即位于其中心。太平车载重时,"车母子"直接承受来自车轴的荷载,对零件强度要求较高,故其宽度不能小于20厘米,并在车轴孔周围加工出"母台子",即"车母子"在车轴孔周围的厚度大于边缘的厚度,在正反两面各形成一个台子。"辐条"为"车母子"两侧的零件,"车牙子"又分别紧邻两根"辐条",它们的宽度无明确要求,依据轮径大小和材料情况而定。"车牙子"宽度不能过窄,否则与销子的连接牢固度降低,一般应大于"辐条"宽度。

(1)"车母子"木板加工。"车母子"木板毛坯长80厘米,宽20厘米,厚13.3厘米。在木板13.3厘米厚的侧面凿3个卯眼,正中间凿1个卯眼,两侧各凿1个,卯眼间距约20厘米。卯眼宽约6厘米,厚约2厘米,为透卯。"母台子"台面20厘米见方,高约3.3厘米,其余需从"车母子"木板毛坯上锯掉,"母台子"台面造型可加工为方形、圆形或两端圆弧中间方的形状。

(2)"辐条"木板加工。"辐条"木板毛坯长80厘米,宽13.3厘米,厚6.7厘米。开卯位置、尺寸的确定同"车母子"。

(3)"车牙子"木板加工。"车牙子",可简称为"牙子",估计因形制类似月牙而得名。"车牙子"木板毛坯长80厘米,宽16.7厘米,厚6.7厘米。开卯位置的确定与"车母子"相同,但中间卯眼类型为透卯,两侧为不透卯,深3.3厘米。两个"车牙子"的卯眼宽和厚不一致,需与其相应连接的销子大小配合。

(4)销子加工。每个车轮有销子3道,均为一头宽一头窄的长木条,左、中、右各1道,分别与每块木板的3个卯眼配合,用于将"车母子""辐条"和"车牙子"串联为整体。销子毛坯长80厘米,大头宽6.7厘米,小头宽5.7

---

① 太平车车轮的零件之一,虽也名为"辐条",但不同于有辐车轮中辐条,故此处加引号。

厘米,厚2~2.3厘米。

(5)组装。这一工序需要3个人配合,3道销子用"对扎枪"的方式将5块木板串接,"对扎枪"是指左、右两道销子小头朝下,中间一道销子小头朝上,以增加车轮连接的牢固度。大致工序是先组装"车母子"木板和"辐条"木板,最后将两块"车牙子"木板分别套在两头。由于销子一头宽一头窄,与相应的卯眼也为过盈配合,最后需要用大游锤用力楔入,操作方法是用绳子中段将销子宽的一端绑住,两人分别拽紧绳子的一头稳住销子和木板,另一人抡起游锤将销子楔入。

2.轮缘和轴孔加工

5块木板组装完毕,形成一80厘米见方的半成品,接下来需要确定圆心和画圆,然后锯割轮缘、加工方形轴孔。

(1)轮缘加工。圆心通过画十字线即可确定,画圆时需拿长木条做一根专用工具,在长木条上标记出车轮半径的长度,然后用墨笔或铅笔画圆。最后用框锯沿线切割即可。

(2)轴孔加工。轴孔加工的要点是保证轴心线垂直于车轮圆面,方法是在正面画十字线后,将两条线分别引画至反面,从而确定反面圆心。轴孔边长约为3.3厘米。

3.轮轴组装、调校和加固

(1)轮轴组装和调校。车轴为生铁铸造,中间方、两头圆,总长约23厘米,方形段长约13.3厘米,为了便于安装,方形段也是一头大一头小,大头边长约为4厘米,小头边长约为3.3厘米,圆形段直径约为2.4厘米。车轴楔入车轮后,需要进一步调校,即车轮靠近中央部位厚度为2.7厘米,边缘区域厚度为4~4.3厘米,在刨削车轮边缘区域时,要保证车轮比较正(即走直线),方法是让车轮绕轴旋转,用铅笔在轮缘上画两道线,然后依此线刨削。

(2)车轮加固。车轮与地面直接接触,需适应不同路况,在承受较大荷载时较易损伤,特别是"牙子"为维修频率很高的零件。车轮需加工的地方有3处:一为轮缘,即车轮与地面接触的部位,需用6块铁瓦包裹,每块铁瓦用3枚瓦钉固定;二为轮沿,即车轮靠近轮缘的部位,两侧均需用多块沿边瓦(扇环形,半径约4.6厘米)拼接为圆环加固,或者用多个沿边锔子或大钉帽的沿边钉加固一圈；三为5块木板的接缝处，一般用8条锔子加固连接，每缝2条。

三、车大框组装

车大框组装，当地又称"合车"，是太平车制作工艺流程中十分关键的步骤，工序复杂，技术难度大，过去有些木匠铺在"合车"之前要举行祭拜鲁班的仪式，以求保佑"合车"顺利。车大框组装的零件包括车大体、车大撑和托厢撑子，有一种太平车4个车轮也要在此步骤安装。太平车根据车穿（类似滑动轴承，铁质，起加固车大体上车轴孔的作用）的形制和位置不同，可分为"穿车"和"安板车"①。"穿车"的车穿为圆形，位于两个车大撑卯眼之间正中心的位置。"安板车"的车穿为半圆形，位于两个车大撑卯眼之间中心位置下方，靠近车大体下表面，支撑车轴除了需要半圆形车穿，还需要铁质零件"安板"的配合，用以挡住半圆形车穿的开口，"安板"位于车大体的下表面，厚约1厘米，用两个安板柱楔入车大体固定，每个安板柱上有细缝，可插入"鸭儿嘴"（楔形薄贴片）固定，以便"安板"可随时拆卸。"安板车"是从"穿车"发展而来，技术的进步体现有二：一是轮轴损坏需要维修时，不需要拆卸外体即可拆卸轮轴；二是车大框在组装时，不需要先安装轮轴再安装外体，而是在车大框组装完毕后，再安装轮轴，降低了组装的技术难度。

车大框在组装前需要准备专用工具。其一是"木夹口"，长方体形状，长60~70厘米，宽50~60厘米，厚20~25厘米，在一面开槽，槽长50~60厘米，宽约20厘米，深6.7厘米，在槽的中央还要凿一方形通孔，该孔的尺寸必须能轻易插入车大撑榫头。"木夹口"需要制作2个，把车大撑榫头楔入车大体卯眼时，将其垫在车大体下方，车大体卡在"木夹口"槽内，且要在放置木夹口的平地上挖坑，以便大撑榫头穿过"木夹口"槽内方孔时能不受阻地进入坑内。其二是一根长方体形状的木材，长约1米，宽和厚均约7厘

---

① 本次调查的太平车类型为"安板车"，若是"穿车"，在4个车大体加工时即需将固定车穿的孔洞凿出，并将车穿安装完成，车大框组装时即将轮轴安上。

米,正中间开方形通孔,尺寸与车大撑榫头相当,楔入车大撑榫头时将其置于车大撑的榫头之上,以防止车大撑晃动。此外,还需找一根原木和绳子,原木长约2.5米,直径约10厘米,在楔大撑榫头时,把绳子的一头绑住大撑,一头系在原木上,4个人按住原木,以防车大撑晃动。组装前,还要准备好黄蜡①和撑帽子铁器,黄蜡用于涂抹在烤热的车大撑榫头上,软化木质,以便将"硬八分"的榫头楔入卯眼。最后要安排好人手,至少需要6个人,其中两人应年轻力壮,负责抡游锤②。大致工序如下:

(1)火炙施蜡。准备炭火或麻秆火,不能有火苗,将车大撑榫头烤热,然后将黄蜡涂抹在榫头上,熔化的黄蜡在榫头上"滋啦滋啦"地冒泡,如同开水沸腾一般,反复涂抹多次,直到黄蜡浸入榫头内部,将其软化。如黄蜡涂抹不当,没有将木质软化到位,楔车大撑榫头时很容易将车大体卯眼周围撑裂。

(2)楔车大撑一次。车大撑榫头要趁热楔入里体和外体卯眼,然后将榫头退掉(拔出)。

(3)楔车大撑二次。将撑帽子放炭火上烧红后,立即放入里体卯眼,把车大撑榫头再次对准撑帽子,将榫头戴着撑帽子楔入。楔到位置后,立即用布沾水给撑帽子降温,以防其将里体卯眼烫大。然后楔入外体,再将榫头退掉。

(4)按上述方法,将其他两个车大撑楔一遍。

(5)楔托厢撑子。将4个托厢撑子榫头分别楔入里体卯眼,然后退掉。

(6)按上述方法,将车大撑榫头和托厢撑子榫头楔入另一侧的里体和外体卯眼,但最后不再退掉。

(7)楔里体。将刚才退掉的里体对准已安装完成的3个大撑榫头(戴撑帽子)和4个托厢撑子榫头,用游锤将其里体楔入到榫头根部。

(8)楔外体。将外体楔入,注意里体和外体的间距约为16.7厘米。

(9)加固"猴头"。"猴头"是一头部造型为猴头的铁销子,安装在车大撑

---

① 黄蜡,又称"蜂蜡",用蜂巢熬煮制成。
② 赵华章师傅还介绍了另外一种"合车"方法,不用游锤夯,而是用原木撞框,可降低抡游锤的劳动强度。

榫头上穿过里体和外体卯眼的位置,用于阻止车大撑榫头的滑动,功能类似车辖。

四、整车装配与加固

整车装配,即将所有零部件安装在车大框上。装配前,所有零件(包括榫头、卯眼)都已加工完毕,除了车大体上与托厢撑子和将军柱连接的卯眼以及安装半圆形车穿的开口孔洞,这两类卯眼以及开口孔洞应现用现凿,以防止因卯眼太多导致车大体强度降低而在车大框组装时被撑裂。太平车加固铁器的装配位置和装配顺序有一定的原则,即有卯眼的位置一般在其周围加固大顶帽的护眼钉,且在榫头楔入卯眼前即已加固完毕,以防止卯眼被过盈配合的榫头在楔入过程中撑裂。

装配顺序:车铺厢—车枕—门柱—扒厢撑子—车站厢—将军柱—车把和小楾子—车轮。

车把两端把手处需加固"把帽"和"护把锔子",中间位置需加固3道"吊楔锔子",此处用于悬挂以铁链连接的吊楔。"吊楔",铁质,整体形制类似斧子,吊楔头为楔形,长约10.5厘米,宽约7厘米,大头厚约6厘米,小头厚约0.5厘米,吊楔把长约50厘米,在靠近吊楔头处上扬20°~30°,把端有小铁环用来连接铁链。吊楔左、右两侧各1个,悬挂于前、后两轮之间。功用一是刹车,即将两个吊楔头卡在后轮下,车轮变转动为滑动;功用二是转向,即将一个吊楔头卡在后轮下,卡住的后轮制动,太平车在牲口的牵引下会向卡住车轮的一侧转向。门柱与车枕连接拐角处加固角铁,用以保持门柱与车枕的相对位置固定不动。

五、车抬杆加工

"车抬杆",是一根长方体形状的零件,长约147厘米,纵截面13~17厘米见方,其上安装7个"抬杆鼻子"。将直径1~2厘米的铁棍对折后,两只脚并紧,穿过车抬杆(先用钻打好孔),然后把两只脚回折在车抬杆的另一侧,对折位置加工成圆环,露在外面,这个圆环即为"抬杆鼻子"。7个"抬杆鼻子"的位置设计是:中间3个相距约12厘米,两端各两个相距约12厘米。

太平车驾牲畜行驶时，车抬杆被放置于车大框前部4个大体的体头上，用专门打制的"铁扣"（或者铁链、较为结实的麻绳）将其与车大框连接。牲畜套的鞧绳与"抬杆鼻子"连接，动力通过鞧绳和车抬杆传递给太平车，根据牲畜的数量、力量强弱，选择连接"抬杆鼻子"的位置。

六、批泥子和刷桐油

为了保护和装饰太平车，整车要批泥子和刷桐油。批泥子，又称"打泥子"或"捩泥子"，是指借助铲刀等工具用泥子将木材上的坑洞缺陷和零件连接处的缝隙（如榫卯缝隙、铁器加固缝隙等）填平。泥子是用石灰粉和生桐油按一定比例调配而成的，搅拌后，用石棒或木棒反复敲打，以至泥子十分有弹性，其还具有防水、防渗漏的特性。刷桐油①，是指用刷子将桐油均匀涂抹在太平车各零部件表面，形成一层保护膜，可防水、防腐，因其颜色金黄、光泽度高，使得太平车看起来"黄澄澄的"。工序如下：

（1）刷底油。用生桐油薄刷一遍，自然干燥。

（2）批泥子。用泥子填塞坑洞和缝隙后要刮平，干燥半个月左右，将填塞部位表面打磨得平整光滑。

（3）刷桐油。刷第二遍桐油后，干燥时间较长，且受天气状况影响，一般需一个半月到两个月。

第五节　太平车的使用和现代变迁

一、太平车的使用

太平车，是主要用于农业物资运输的交通工具，如运送粪土、庄稼等。太平车的动力主要源于牲畜，以牛为主。牛通过牛梭子、鞧绳、套缏子与太

---

① 桐油是用油桐树的种仁压榨而成的，经过熬制成为熟桐油，功用与今天的油漆相同。

平车的车抬杆连接。"牛梭子"为套在牛颈上的弯木,也称"牛樋"或"牛轭"。"套缰子",有的地区称其为"抛杆",是一根横木,其中间有一铁挂钩,用以钩住"抬杆鼻子"。两条鞘绳(也称"拉绳"或"缰绳")将牛梭子和套缰子连接。

太平车的性能评价指标主要为载重和速度,这与牲畜、道路以及太平车自身均有关系。太平车的载重量一般为1000~1500千克,一般套2~3头牛,多时可套5~7头牛,根据实际载重情况而定[225]。在农村土路上,日常太平车的行驶速度为2~3千米/小时。

太平车没有转向装置,载重时转向更加困难,外出时除赶车人外,至少再加一成年男子跟车,转弯时,跟车人需在车尾朝车头转弯相反方向用力拉车把。如果太平车备有吊楔,将楔子卡在后轮下,促成转向。当地有民谚称"三分赶,七分磨","磨"是指"磨车",意为转向。太平车的结构前后一样,需要掉头时仅需把车抬杆移至车尾即可。太平车行驶速度不快,且多在平原地区使用,需刹车的情况不多,一旦需要制动,主要依靠"吊楔"和人力。太平车的优点是载重量大、平稳,但速度慢,转向困难,较为笨重,受地形、路况和天气等外部因素影响较大,不适宜山地、丘陵地区使用和雨天出行。

太平车的卸车方式也很特别,装车时可用两块特制的木挡板卡在前后枕木里侧,以增加最大装载量,卸车时,多人走到车的一侧,合力将车倾倒,这对整车的牢固度要求很高。清代时就常用这种卸车方式,据道光《颍上县志》载,"太平车,四轮不辐……载而至田,二人以背倚其偏,掀而覆之,由其所覆正之"[226]。

民国时期,太平车的拥有者多为较富裕的农户。据民国《汲县今志》载,"太平车……专运农产品,载重可数千斤。黄河以北各县,几家有二十亩田地以上者,必备此车,故几于触目,皆以缰并驾四牛,有于前列再驾三牛,合为七牛者,亦有参用骡马者"[227]。贫困人家借用太平车,需同时借牲畜和挽具,还要为太平车上膏油,为牲口添草料[228]。太平车也用于走亲访友时乘坐,也常用作婚车。将竹片弯成半圆形固定在车把上,上罩芦席,两头挂上布帘子,车内铺上席子,安放板凳,太平车就被改造成较为讲究的载人车了。有童谣这样唱:"太平车,四轮滚,上面坐着花大婶。打牛马,快快走,来到娘家大门口。小弟跑来抱包袱,小妹跑来牵我手。亲娘慌忙抱外孙,嫂嫂出来扭一扭。嫂嫂不要扭,今天来,明天走。"[229]农闲时,有剧团到农村唱戏,将多辆太平车并排放一起,铺上木板就可以作为戏台。

太平车的使用寿命与实际使用和保养状况有关,一般能用十五六年,铁器加固多的"大五板"可以用二十多年,"木脚子车"(铁器很少)可以用六七年。为了防止太平车闲时遭风吹日晒雨淋,车主多会建造专门的车屋。有童谣这样唱:"月姥姥,亮堂堂,河滩的侉子来逃荒,前边推着洪车子,后边跟着妮儿她娘。妮儿的娘,别哭了,前边就到车屋了……"[230]这首童谣反映了逃荒的人们会借住到车屋里。为了延长太平车的使用寿命,还可以每年刷一次桐油。

二、太平车的现代变迁

太平车,多用于农业物资运输,在商贸、军事运输等领域的影响力较小。直到20世纪50年代初期,其仍为最主要的运输工具,使用的地域范围主要限于豫东、鲁西和皖北及其周边的平原地区。20世纪50年代以后,太平车的使用逐渐减少,基本上不再新制,代之以胶轮马车①、架子车②和各种类型的机动车,80年代以后基本被淘汰。以平舆县为例,在农业物资运输方面:太平车和两轮(木轮铁瓦)马车,1951年全县共计1.58万辆,1957年8906辆,1965年5625辆,其中太平车占车辆总数的90%以上,两轮马车较少。胶轮马车在1952年全县仅有5辆,1957年89辆,1965年517辆,1978年2452辆,1987年204辆。架子车1958年全县247辆,1962年1581辆,1965年1.49万辆,1978年8.68万辆,1987年13.59万辆[231]。胶轮马车虽然载重性能较太平车略差,但轻便很多,速度较快,且不损伤里面,可用于长途运输。架子车结构简单,造价低廉,轻便灵活,易于普及推广,特别是在

---

① 胶轮马车,民国后期即已出现,为用汽车轮轴代替木质轮轴的双轮车,载重量约1500千克。
② 架子车,又称板车、排子车、平车,是一种两轮人力车,也出现于民国时期,其车轮为钢铁结构,中间为轴套(类似轮毂),外圈为轮辋,轴套和轮辋间以若干钢辐条连接,轮辋外再包以胶皮(类似铁瓦),两轮以铁轴相连,车厢和车辕为木质结构。之后铁轮又改为充气胶轮,载重量约500千克。

1958年农具、工具改革运动以后,数量迅速增加。

　　河南平舆现存太平车制作技艺是在国家和地方开展非物质文化遗产保护工作之后重新恢复起来的。从我们的实地调查来看,太平车的制作虽然部分地借助了现代电动工具,但依然需要使用传统工具,而且在原料、工艺流程和关键技术方面,比较完整地保存了传统技艺的成分。在交通技术和运输工具极为便利的今天,太平车在人们日常生产生活中已失去原来的需求市场和存续环境。

第五章 内蒙古阿鲁科尔沁旗蒙古族勒勒车制作技艺

内蒙古自治区地处中国北疆,地域辽阔,东西长而南北狭,横跨东北、华北和西北地区,历史上有不同的游牧民族在此居住生活。他们主要以畜牧、狩猎为生,秋冬违寒,春夏避暑,逐水草而居,迁徙频繁,对交通工具有强大的需求,因此造车和用车的历史也很久远。

本章基于文献资料和实地调查,梳理内蒙古地区少数民族用车的历史,以阿鲁科尔沁旗蒙古族的勒勒车为调查案例,记述其制作技艺及其使用和现代变迁。

第一节
内蒙古地区少数民族用车历史

一、先秦和秦汉时期的匈奴造车

先秦时期,内蒙古地区的少数民族被称为"林胡""楼烦""东胡""匈奴"等。林胡人、楼烦人主要活动于今内蒙古中部地区,东胡人驻牧于内蒙古东部,战国时匈奴人主要活动于阴山南北以及漠北地区。他们中的一些部落因善于制作弓车而闻名于中原地区。《周礼·考工记》载:"粤无镈,燕无函,秦无庐,胡无弓、车。……胡之无弓车也,非无弓车也,夫人而能为弓车也。"郑玄注:"胡,今匈奴。"[232]胡即指古代匈奴等北方少数民族生活的地区,这一地区没有专门制造弓箭和车辆的工匠,因为多数男子皆能制造。《吕氏春秋·离俗览·为欲》(约成书于公元前239年)记载:"蛮夷反舌殊俗异习之国,其衣服冠带、宫室居处、舟车器械、声色滋味皆异,其为欲使一也。"[233]文中提到的"蛮夷"是古代中原对四方边远地区少数民族的泛称,这些地区使用的车辆不同于中原地区。另据考古发现,在内蒙古巴彦淖尔市磴口县托林沟的黑石上即雕刻有独辀双轮马车的岩画(图5-1),年代在两周至两汉之间。[234]

秦汉时期,内蒙古境内的少数民族主要为匈奴、鲜卑和乌桓。鲜卑和乌桓同属东胡民族,秦汉之际东胡为匈奴所破,二者才分称于世,其中乌桓

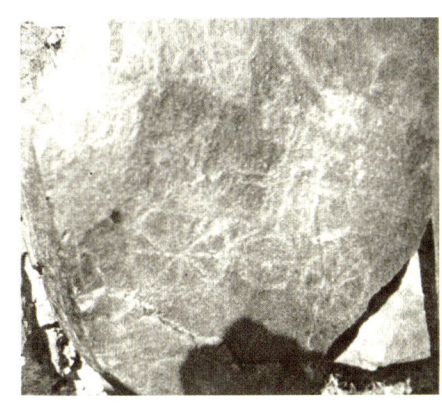

图5-1 独辀双轮车(《阴山岩画》)

居南,活动于饶乐水(今西拉木伦河)一带,鲜卑居北,活动于大兴安岭山脉的中部和北部。匈奴强盛之时占领今内蒙古中西部的大多数地区和漠北地区,并且鲜卑和乌桓皆受其役属。东汉以降,随着匈奴的分裂和衰亡,鲜卑族不断南迁西进,占领了匈奴故地。

关于匈奴造车和用车的明确记载已见于当时的文献,《汉书·匈奴传》记载:"匈奴有斗入汉地,直张掖郡,生奇材木……匈奴西边诸侯作穹庐及车,皆仰此山材木,且先父地,不敢失也。"[235]"此山"为今之龙首山[236](一说是合黎山,与龙首山相邻),位于甘肃省金昌市和张掖市境内,临近阿拉善盟,西汉时期居住在今内蒙古最西部地区的匈奴人制造毡帐和车辆常取材于此山。西汉桓宽所撰《盐铁论·散不足》记载:"大夫曰:'吾以贤良为少愈,乃反其幽明,若胡车相随而鸣。'"[237]御史大夫桑弘羊批评诸位"贤良"颠倒黑白,像胡车行走时一辆接着一辆发出声响一样随声附和。游牧民族迁徙时,一人常常要赶多辆车,首尾相接,行进时发出轮轴摩擦碰撞之声。《盐铁论·论功》记载:"文学曰:'匈奴车器无银黄丝漆之饰,素成而务坚。'"[238]诸位"文学"反驳桑弘羊抗击匈奴的主张时,提及匈奴的车器虽没有金、银、丝织物、漆的装饰,朴实无华,但很坚固。《后汉书·耿夔传》记载:"永初三年,南单于檀反畔①,使夔率鲜卑及诸郡兵屯雁门,……夔自击其左,令鲜卑攻其右,虏遂败走,追斩千余级,杀其名王六人,获穹庐车重千余

---

① 畔,通"叛",背叛、叛乱等。

两,马畜生口甚众。"[239]东汉时期南单于檀叛乱,耿夔兵屯雁门郡(位于今山西省北部和内蒙古南部,临近鄂尔多斯市和呼和浩特市),与鲜卑共克南单于,缴获千余数毡帐和车辆。

至迟在战国时期,活动于今内蒙古中部以及漠北等地的匈奴人已经能够造车。由于游牧民族频繁迁徙,从而对交通工具有普遍需求,使得造车、修车技术在牧民中较为普及,正是这种普及性决定了他们所造车辆的技术水平会有很大局限性。一方面,战国以降,车战逐渐衰落,骑兵兴起,他们所造车辆主要用于物资运输,从而对车辆的速度性能的要求较低;另一方面,牛等牲畜在牧民之家并不稀有,木材在他们游牧至山林地带即可无偿获得,造车成本较低,一户家庭拥有多辆车十分常见,从而无须提高单辆车的载重性能,所以匈奴车辆的加工难度和精度不会太高。秦汉以后,今内蒙古中、西和东部的少数民族应该皆已掌握了造车技术,虽然尚未发现关于鲜卑和乌桓的造车记载,但随着他们与匈奴、中原王朝的交往,造车技术扩散较为容易。

二、南北朝时期的高车族和隋唐时期的突厥、回纥①毡车

继匈奴、鲜卑之后,活动于大漠南北及其周边广大地区的民族主要是柔然和敕勒。南北朝时期,在今内蒙古境内有一民族被称为"高车",即是敕勒,东晋以前被称为"丁零"。他们主要生活于今蒙古国北部至贝加尔湖一带,一部分南迁居住在漠南地区。北朝民歌《敕勒歌》中所唱"敕勒川,阴山下,天似穹庐,……"即说明敕勒族曾生活于阴山南北地区。

《魏书·列传第九十一·高车》记载:

高车,盖古赤狄之余种也,初号为狄历,北方以为敕勒,诸夏以为高车、丁零。其语略与匈奴同而时有小异,或云其先匈奴之甥也。……其迁徙随水草,衣皮食肉,牛羊畜产尽与蠕蠕同,唯车轮高大,辐数至多。[240]

北魏时期(386—534),高车族所造车辆特点鲜明,车轮高大,轮辐数量多,不同于柔然的车辆,因此中原人称他们为高车。柔然,也称"蠕蠕""芮

---

① 回纥,古族名。贞元四年(788)自请改称回鹘。

芮""茹茹",主要游牧于漠北地区,与漠南交往密切,北魏世祖神䴥二年(429)太武帝拓跋焘北伐漠北柔然,《魏书·崔浩传》载:

> 神䴥二年……议击蠕蠕,朝臣内外尽不欲行,保太后固止世祖,世祖皆不听,唯浩赞成策略。……及军入其境,蠕蠕先不设备,民畜布野,惊怖四奔,莫相收摄。于是分军搜讨,东西五千里,南北三千里,凡所俘虏及获畜产车庐,弥漫山泽,盖数百万。[241]

北魏是鲜卑族拓跋珪建立的政权,拓跋焘是第三位皇帝,北伐柔然时,只有崔浩赞成,后击败柔然,缴获数百万的牲畜、车辆和毡帐,说明柔然族不仅广泛使用车辆,而且能够制造车辆。柔然人族源有东胡、鲜卑、匈奴等说法,作为他们的后裔能够造车十分合理。

柔然衰亡后,突厥和回纥先后成为北方最强大的少数民族。突厥和回纥的族源皆可追溯至丁零,与敕勒、高车、铁勒同族。突厥曾占领东至辽河上游,西至里海,北至贝加尔湖,向南也曾占领今内蒙古的部分地区。

关于突厥用车的记载较少,《北史·室韦传》载:

> 南室韦在契丹北三千里,土地卑湿,至夏则移向北。……衣服与契丹同。乘牛车,以蘧篨为屋,如突厥毡车之状。……匡寝则屈木为室,以蘧篨覆上,移则载行。……无羊,少马,多猪、牛。

南室韦在今齐齐哈尔至呼伦湖一带,所用交通工具为牛车,车棚用苇席遮盖,形状类似突厥毡车,两者不同之处在于毡车使用毛毡遮盖。

回纥为南北朝时高车族六部之一"袁纥"的后裔,主要游牧于漠北地区,也曾南跨大漠。回纥所用交通工具为骆驼、马和车辆等,有专为妇人所造的毡车见于《旧唐书·回纥传》记载:

> 穆宗即位,逾年乃封第十妹为太和公主,将出降,回纥登逻骨没密施合毗伽可汗遣使……来迎,……十一月,振武节度张惟清奏……又奏:"天德转牒云:回鹘七百六十人将驼、马及车,相次至黄芦泉迎候公主。"[242]

唐穆宗长庆元年(821)太和公主出嫁至回鹘汗国和亲,振武节度使上奏皇帝据天德军(驻地在今巴彦淖尔市)的文书,回鹘派人带骆驼、马和车辆在黄芦泉迎候公主。后来回鹘汗国亡,太和公主又返回长安,乘坐的为回鹘族毡车,与之前迎亲的车辆应为同一类型。《资治通鉴·唐纪》载:

春，正月，回鹘乌介可汗帅众侵逼振武，刘沔遣麟州刺史石雄、都知兵马使王逢帅、沙陀朱邪赤心三部及契苾、拓跋三千骑袭其牙帐，沔自以大军继之。雄至振武，登城望回鹘之众寡，见毡车数十乘，从者皆衣朱碧，类华人，使谍问之，曰："公主帐也。"雄使谍告之曰："公主至此，家也，当求归路！今将出兵击可汗，请公主潜与侍从相保，驻车勿动！"……雄迎太和公主以归。[243]

唐文宗开成五年（840）黠戛斯人大破回鹘汗国，遣使送太和公主回长安，途中为回鹘乌介可汗劫留，唐武宗会昌三年（843），乌介可汗率众侵逼振武（治所位于今呼和浩特市和林格尔县），太和公主随军乘坐的为回鹘族毡车。此种毡车，车上有木制框架，罩上毡子，可遮风避雨，太和公主及其随从皆乘该类车辆。此事还见于《旧唐书·武宗本纪》，书中记载：

黠戛斯使注吾合素入朝，献名马二匹言可汗已破回鹘，迎得太和公主归国，差人送公主入朝，愁回鹘残众夺之于路。帝遂遣中使送注吾合素往太原迎公主。时乌介可汗中箭，走投黑车子，诏黠戛斯出兵攻之。[244]

高车族因所造车辆车轮高大而得名，特点鲜明，应不同于此前匈奴的造车传统，也不同于同期的柔然，这种轮高辐多的传统应是源自高车族最初生活的地区，即今蒙古国北部至贝加尔湖一带。突厥和回纥虽主要活动于漠北等地，但和漠南等内蒙古地区联系密切，而且与高车同族，突厥、回纥的毡车很可能也属于高车，驾骆驼，更能适应戈壁沙漠地区的路况。

三、唐宋时期的奚车和五代时期的黑车子族

从五代到元代，少数民族政权迭起，北方影响最大的为契丹族建立的辽朝、女真族建立的金朝，先后与北宋、南宋对峙，最后由蒙古族建立的元朝实现大一统。除这几个强族外，居住在内蒙古大草原上的部族还有奚、室韦等。奚族原称"库莫奚"，始见于《魏书》，隋代起单称"奚"，直到元代才消失于史书记载。库莫奚源出东胡（一说源自匈奴之别种），鲜卑宇文部之后，与契丹同族异部，主要活动于今西拉木伦河和老哈河流域。

奚族所造车辆在历史上也十分有名，被称为"奚车"，在唐代即已出现。《旧唐书·舆服志》载：

奚车,契丹塞外用之,开元、天宝中渐至京城。兜笼,巴蜀妇人所用,今乾元已来,蕃将多着勋于朝,兜笼易于担负,京城奚车、兜笼,代于车舆矣。[245]

契丹人所乘的奚车于唐玄宗时期即已传入长安,京城富贵之人用作代步工具。《旧唐书·奚传》:"居有毡帐,兼用车为营。"[246]《新唐书·奚传》:"居毡庐,环车为营。"[247]唐代李商隐(813—858)所作《为荥阳公贺幽州破奚寇表》载:

臣某言:臣得本道进奏官某状报,某月日幽州节度使张仲武奏,破奚北部落及诸山奚……奚车五百乘,羊一万口,牛一千五百头者。[248]

奚族人住在毡帐里,同时用车围成环形作围墙之用。五代时期见于记载的奚车为贵族乘车,《新五代史·晋家人传》载:

高祖皇后李氏……开运三年十二月,耶律德光已降晋兵,遣张彦泽先犯京师,以书遗太后,具道已降晋军,且曰:"吾有梳头妮子窃一药囊以奔于晋,今皆在否?吾战阳城时,亡奚车一乘,在否?"[249]

后晋开运三年(946),后晋军投降契丹,辽太宗耶律德光写信给太后李氏,寻找自己逃到晋的婢女和在晋地阳城丢失的奚车。又载:

安太妃……妃老而失明,从出帝北迁,自辽阳徙建州,卒于道中。临卒谓帝曰:"当焚我为灰,南向扬之,庶几遗魂得反中国也。"即砂碛中无草木,乃毁奚车而焚之,载其烬骨至建州。李太后亦卒,遂并葬之。[250]

后晋出帝石重贵投降后,皇族被俘虏至契丹,安太妃亡于途中,出帝毁奚车以焚太妃。奚车应为太妃生前乘坐的车辆,前述耶律德光寻找的战时所失奚车也应为御用车辆。

关于奚族制车更为详细的记载见于北宋沈括所著《熙宁使虏图钞》,他于宋神宗熙宁八年(1075)出使契丹,将沿途考察记录著成该书。

奚人业伐山、陆种、斫车。契丹之车,皆资于奚,车工所聚曰打造馆。辒车之制如中国,后广前杀而无輄,材俭易败,不能任重,而利于行山。长毂广轮,轮之牙其厚不能四寸,而辖之材不能五寸。其乘车,驾之以驼,上施幰,惟富者加毡幪文绣之饰。[251]

奚族人不仅擅长制车,而且有专门的制车工场,已形成一定的产业规模,他们生产的载人车辆,车轮高大,轮毂较长,驾骆驼,带车棚,富贵者的乘车还要加以装饰。

苏颂于熙宁十年(1077)第二次出使辽国,以诗记事,其中《奚山路》一诗云:"……青毡通幰贵人车。"[252]奚山即今冀北山地,苏颂出了奚山,进入辽中京地界,该句所述同沈括所记类似,富贵人家的车辆,车棚外套青毡,带帷幔。《辽史·仪卫志》把这种车简称为"青幰车"。"青幰车,二螭头、盖部皆饰以银,驾用驼,公主下嫁以赐之。"[253]可见奚族和契丹的高等级车辆,主要是驾骆驼。

这可以与考古发现的辽代墓葬中驼车壁画相印证。驼车出行图在内蒙古赤峰市及其周边地区的墓葬壁画中多有发现,如:辽宁阜新县辽代平原公主墓中墓道西壁壁画中绘有毡帐和驼车[254](图5-2),车轮高大,轮径估计近2米,车辕较长,辕头有配饰,类似"二螭头",车棚顶部穹起,垂下流苏。这种车辆适合在草原和沙漠地区行驶,即上述文献中所载的青幰车,奚车五代时即已随契丹入侵进入山西和河南地区,闻名于中原也在情理之中。

元代薛景石的《梓人遗制》载:"其官僚所乘者即俗云五明车,又云驼车,以其用驼载之,故云驼车,亦奚车之遗也。造坐车子之制……脚高三尺至六尺。"[255]薛景石所处时代为金元之际,所处地界为今山西万荣县,该地这一时期先后处于女真族和蒙古族的统治之下,文中所述驼车属于北方游牧民族的贵族所乘车辆,所以作者说是"奚车之遗",轮径三尺至六尺,驼车轮径较大,约五至六尺,为157.0~188.4厘米,这与辽墓壁画是大致相符的。

《辽史·仪卫志》记载:"契丹故俗,便于鞍马。随水草迁徙,则有毡车,任载有大车,妇女乘马,亦有小车,贵富者加之华饰,禁制疏阔,贵适用而

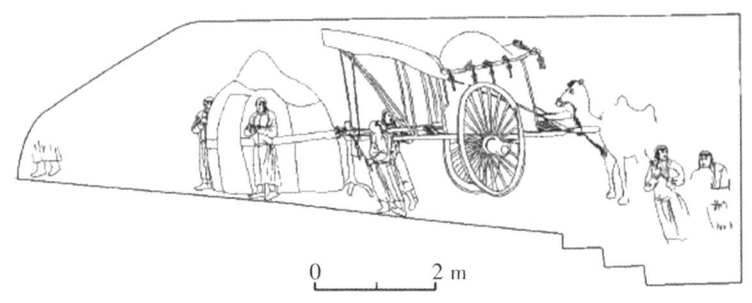

图5-2 骆驼车(据辽代平原公主墓墓道壁画所绘)

已。"契丹最常用的交通工具是马匹,同时也离不开车辆,既有用于载人的毡车,也有主要用于载物的大车,还有为妇女制造的小车。

苏颂的另一首使辽诗《契丹帐》载:"行营到处即为家,一卓穹庐数乘车。千里山川无土著,四时畋猎是生涯。"[256]该诗描写了契丹族频繁迁徙,每家每户都要有一个毡帐和数辆车。

古籍和辽墓壁画中的奚车多为贵族用车,奚族、契丹的牧民用车情况虽然鲜有记载,但应以牛车居多。北宋吴奎使辽(1054)时写的诗句:"奚车一牛驾,朝马两人骑。"奚车,狭义上是指驾骆驼的高级乘车,为契丹、奚等族的贵族而制造;广义上是指奚族人制造的各类车辆,还包括普通棚车、无棚大车等,主要驾牛,为平民所使用。奚族从北朝到元朝,历经近千年,主要活动于今赤峰南部地区,其所造车辆中既继承了高车族的高轮多辐传统,也继承了匈奴的小轮(相对于高轮而言)牛车传统。此外,赤峰南部与汉地农区相距不远,也极可能受到汉族木工传统的影响。

如前文所述,《旧唐书》中提到了"黑车子"一族,这是继高车族之后,又一个以车命名的古代民族,其是室韦族的一支,故又称"黑车子室韦"。室韦族的主体出自鲜卑,是东胡的后裔,原居住于今呼伦贝尔地区,其中的一些分部南迁后,在五代时期主要活动于今锡林郭勒盟东部等地区,即是黑车子室韦[257]。关于该族的更多信息见于五代时期胡峤所著《陷虏记》一书,此书记载了作者客居契丹七年的见闻,虽已亡佚,但可见于后世书籍引文。《新五代史·四夷附录第二》载:

初,萧翰闻德光死,北归,有同州合阳县令胡峤为翰掌书记,随入契丹。而翰妻争妒,告翰谋反,翰见杀,峤无所依,居虏中七年。当周广顺三年,亡归中国,略能道其所见。……云:"距契丹国东至于海,有铁甸……又北,黑车子,善作车帐,其人知孝义,地贫无所产。云契丹之先,常役回纥,后背之走黑车子,始学作车帐。"[258]

胡峤曾为契丹贵族萧翰的属官,于辽太宗耶律德光病逝的947年跟随萧翰入契丹,直到后周广顺三年(953)才回到中原,据他所述,黑车子在契丹以北,善于制作车辆和毡帐,契丹先祖逃离回纥的役使,投奔黑车子一族,并且跟他们学习制作车帐。室韦族的文献记载始于《魏书》,从北魏到辽代历四五个世纪,黑车子族的造车传统来源已难以考证,北朝时期南室韦所用为牛车,应源自匈奴,南迁后的黑车子室韦,可能延续了室韦的传统。

四、蒙元时期的铁轮车和巨型房车

蒙元时期,成吉思汗在统一漠北各游牧部落后称汗,接着南下,占领了金朝所辖的今内蒙古中、东部地区以及西夏所辖的河套和套西地区,内蒙古地区处于蒙古族统治之下。此时的蒙古族是一个以蒙古部为核心,同时融合了诸多森林狩猎民族和草原游牧民族的共同体。蒙古族族源学说不一,以东胡说最有说服力,言其是室韦的别种。

蒙古族所用车辆有载人棚车和载物大车(包括箱车),主要驾骆驼和牛,此外还出现了军用"铁车"和巨型房车。《蒙古秘史》[259]中关于车辆的名词很常见:一是"合剌兀台·帖儿格",旁译"黑车";二是"合撒黑·帖儿坚",旁译"大车";三是"帖儿干"、"帖儿坚"或"帖儿格",旁译"车子"或"车";四是"帖木儿·帖列格",旁译"铁车子";此外,还提及车轴、车辕、车轮、车辖等车辆主要零部件。"帖儿干"、"帖儿坚"或"帖儿格",发音与今之蒙古语"terg"类似,是车辆的通称。"合剌兀台·帖儿格"是指带车棚的载人车辆。《蒙古秘史》第100节中孛儿帖夫人(成吉思汗的妻子)躲避追杀时藏身于这类车中,驾牛,有车门;第244节中成吉思汗的母亲也乘坐这类车,驾白骆驼,《黑鞑事略》中称其为"帐舆"[260],车上有室,可坐可卧。"合撒黑·帖儿坚"出现在第64节,是指"合汗"(大汗)的大车,驾骆驼,有前座(赶车人等乘坐),所以这是一种供地位较高的人乘坐的有棚车辆。"帖木儿·帖列格"出现在第199节和第236节,是成吉思汗命大将速别额台①追袭逃走的篾儿乞惕残部而造的铁车。

关于此事的记载也见于另外两种文献,拉施特《史集》记载:"成吉思汗派遣速别台把阿秃儿带着军队去征讨忽都和他的侄儿们。他下令为军队制造许多大车,牢固地钉以铁钉,使大车不致在石头中间行进时很快就损坏。"[261]《圣武亲征录》记载:"上遣大将速不台拔都以铁裹车轮,征蔑儿乞

---

① 速别额台,又译为速不台、速别台、雪不台等。

部。"[262]这种铁车是指用铁质零件加固车轮的车辆,应为运输军需物资之用,加固车轮的方式可能类似近代汉族民间大车[263]。《蒙古秘史》的第124节还提到成吉思汗称汗时身边有一位木匠叫古出沽儿,他负责修理车辆和毡帐,后被封为千户长。

巨型房车和箱车见于《鲁布鲁克东行纪》,法国人鲁布鲁克奉命于13世纪中期来蒙古地区旅行,将旅行见闻写成此书。

巨型房车就是把居住的毡帐固定在车舆上,为保证稳定至少有4个车轮,鲁布鲁克描述:

> 他们把这些屋舍造得很大,有时宽三十英尺……轮距为二十英尺,当把房舍放在车上时,它在轮的每侧至少伸出五英尺。……每辆车用廿二头牛拉一所屋,……车轴粗若船桅,并且有个人站在车上房门口,驱赶着牛群。[264]

这里的屋舍指毡帐,宽约914厘米,轮距约为610厘米①,是普通车辆轮距的3倍以上,巨型房车主要适合在平坦的草原上行驶,而且造价和日常耗费很大,应是专为蒙古族贵族阶层制造的。

箱车是指在车舆上安装了专门用于盛放物品箱子的车辆,据书中描述,他们把细枝编织成方形大箱,上面加上一个也用细枝编成的盖子,整个盖严,正面开一扇小门。然后他们用牛脂或羊奶涂抹过的黑毡,把这个箱子,也就是小房屋遮起来,防止漏雨,而且他们同样用五彩图案把它装饰。所有的卧具和贵重物品,他们都放进这类箱子里,再给紧紧系在骆驼拉的大车上,确保过河(不会打湿)。这种箱子他们从不取下来。仅一个富裕的蒙古人便有一百辆或二百辆这种带箱的车。……一个妇女要管二十或三十辆车,因为土地平坦。他们把牛车或驼车一辆辆连接起来,同时有一个妇女坐在头一辆上赶着牛。[265]

这里的箱车,箱还是用柳条等树枝编织而成,不同于今天用木板拼接的箱子,为了使黑毡防水,采用牛脂或羊奶涂抹以封住毛细孔洞,一个妇女或一个孩子赶多辆车的"草原列车"景象直到近代依然可见。

---

① 英尺,源于采用成年男子单脚长度作为单位,本文中换算采用今之标准,即1英尺=30.48厘米。

蒙古族的"合剌兀台·帖儿格",即黑车,得名原因最可能的有两种:一是车棚的毛毡为黑色,二是车轮的轮毂为黑色。今阿鲁科尔沁旗勒勒车的轮毂依旧需要用火烤成黑色。这种技术传统与黑车子室韦所造车辆可能有某种渊源,也就是说蒙古族为《旧唐书》《新唐书》中提到的蒙兀室韦的后裔,据此可进一步证明蒙古源出东胡说。蒙古族建立起地跨欧亚大陆的国家,蒙古军中有各民族的工匠,为制造铁轮车和巨型房车所需的先进工艺提供了多种技术选择。

五、近代以来的轆轆车和勒勒车

近代以来,在宋元明清时期北方少数民族与中原汉民族的冲突与融合的基础上,内蒙古地区用车种类增多,一大类是更具本地传统的牛车和达斡尔车,适用于牧区道路;另一大类是来自中原传统的载货大车、载人轿车和独轮车,适用于农区和农牧过渡地区的道路。

光绪《蒙古志》载:

> 徭赋之制……其进贡、会盟、移营、嫁娶等事,所属有百家以上者,于十家内取马一匹,牛车一辆。[266]

清末,蒙古地区征税,在有重大事宜时需要征收马和牛车,由此可知,牛车依然是牧民常用的交通工具。

民国《呼伦贝尔志略》载:

> 蒙人载重致远,驼、马而外,有达呼尔所制之一种"轆轆车",又名"辘轳车",亦曰"大毂轮车"。轮不甚圆,辕不求直,轴径如椽,轮高四尺余,以一牛曳之而行,首尾相连,一童子可御十余辆。不资毂鞣,惟遇山路崎岖,防其损折,须携带斧凿。此为普通运载之车。若各旗富者坐车,则轮辕坚固,上覆木棚,蔽以芦席,或内毡外布,亦绷以桦皮者,驾一马,与内地轿车略同。[267]

呼伦贝尔地区蒙古族所用车辆为达呼尔(即达斡尔)族所造,轮径约为133厘米,与民国时期陕西关中马车轮径尺寸相近,比历史上高车族车辆和奚车(驼车)以及今之达斡尔车(轮径在五六尺)要小,但比今阿鲁科尔沁旗蒙古族勒勒车(轮径三尺)要大。轆轆车驾牛者既可载物也可载人,如果在车舆上安装木棚,外遮芦席、毡布或桦皮布,即为棚车,可驾马或牛,类似中

原地区的轿车。

朱启钤(1872—1964)编著的《东三省蒙务公牍汇编》(1909)中有宋小濂《呼伦贝尔寿宁寺市场记》一文,其中亦有达斡尔车的记载:"市作大环形,缺其南北为二门,南门两翼为车市,皆布特哈及本属索伦所造。(土人谓之罗罗车,轻而易驾,惟不坚。)"[268]呼伦贝尔寿宁寺在今新巴尔虎左旗,又称"甘珠尔庙",文中"市"为甘珠尔庙集市,布特哈为清代政区,治所位于今莫力达瓦达斡尔族自治旗。甘珠尔庙集市南门附近为售卖车辆区域,车辆主要为达斡尔族人制造,当地人称其为"罗罗车",这种车轻便,但不坚固,与今之勒勒车特点类似。

关于达斡尔车的更早记载见于清代满族学者西青所著地方史志性质的《黑龙江外记》(1810)一书:

> 达呼尔随意造辘辘车,轮不求甚圆,辕不求甚直,轴径如椽,而载重致远,不资毂輮,惟山路崎岖,防损折,动以釜凿随之。辘辘车,牛曳之,一童子尝御三五辆,载粮草类。然富者乘之,以毡毳为盖,蔽风雪,间亦用桦皮,式如棺,号桦皮车,布特哈多此物。近乃有厌其朴野,购太平车于京师者,齐齐哈尔尤甚。[269]

清末民国学者徐珂(1869—1928)编撰的类书《清稗类钞·舟车类》(1917)载:"柴车出蒙古,取材于山,不加雕刻,略具轮辕,以牛驾之,行则鸦轧有声。"[270]该书上述引文出处不清,这里提到蒙古地区使用的牛车,被称为"柴车",不加装饰,行走时不断发出某种声音。

关于另一类来自中原传统的车辆记载见于清末民国学者花楞所著的《内蒙古纪要》(1916)一书:

> 运输事业,各依地方道路之情形,略有不同,其种类概别如次:(1)大车、(2)轿车、(3)牛车、(4)一轮车、(5)驮子、(6)人夫。大车因构造大小,而有头大车、二大车二种,主用于开拓地方,农产物、商货赖以运搬者。其车身结实,车载之重量,在五百斤千斤间。无论如何难路,得以通过。挽马之数,视积载量与远近为比例而不能一定。头大车之挽牛概为四五头与九十头。二大车为三四头与五七头。然在接壤满洲境地都为大形。在直隶者形稍小也。其价格头大车一辆,自八九十圆至百三四十圆,二大车在五六

十圆至八九十圆之间。积载量则依季节地形而有差。直隶之山地,比于满洲界之平地其量半减,夏季比于冬季又半减。故车辆多使用于冬季,其量在千斤四千斤上下。……大车一日行15公里或20公里。牛车专用于游牧地方。有大小二种。(一)载重五六百斤,挽以一牛,汉人谓之白色车。(二)载重二三百斤,挽以一牛,汉人称之辘轳车。[271]

以上所述大车、轿车和一轮车主要用于"开拓地方",而牛车主要用于"游牧地方","开拓地方"应该是指靠近中原的农区、农牧过渡地带或者牧区的重要政治、经济中心等。蒙古地区本地传统的牛车依据载重量的不同,又分为两种,二者最大载重量相差一倍,今已不见这种区分。

"勒勒车"这一词语,据笔者目前所查文献,出现于民国时期。民国时期东北文化社编的《东北年鉴》(1931)中有"十八年度黑龙江省索伦县工业统计表",表中记载:牛车(即勒勒车),二百一十辆,一百六十元[272]。民国时期的索伦县辖今内蒙古自治区科尔沁右翼前旗部分地区,该县在1929年生产勒勒车210辆。作家舒群(1913—1989,黑龙江哈尔滨人)在小说《没有祖国的孩子》(1936)和《沙漠中的火花》(1936)中均提到了内蒙古地区的勒勒车,在前一篇中描写道:

> 那车辆是蒙古特有的一种"勒勒车",由简单的匠手、简单的质料组合起来的,用不知名的枝条编织的车床,很明显地经不起太重的重量,甚至有时我担心随伴车床塌落下去。并且车轮又是一枝小树干经过烟火卷成的圆圈,中间只有几条不调和的木棒互相地支撑着,一边滚转着,一边发出一种难听的鸣斗。[273]

这里描写的勒勒车,车轮采用揉制而成,并特别指出车轮行走会发出声响。东北铁路总局1948年公布的《铁路货物等级表 危险品包装表》中工业品一类中列出大车、花毂轿车、手推车和大轮车,并注明"大轮车(全部木造又名勒勒车)"[274]。

由上可知,首先,勒勒车在汉语文献中清末时期被称为"辘辘车",也称"罗罗车",民国初期又被称为"辘轳车",民国中后期至今才主要被称为"勒勒车"。这四个名称声母相同,说明他们与同一种声音有关,而"辘辘"指车轮转动声,也有文献记载强调勒勒车行走时声音特别,所以"勒勒"是指车辆行走时轮轴摩擦发出的声音,而不是有的学者所认为的是赶车人吆喝牲畜的声音,前者才是勒勒车得名原因。其次,还应强调,勒勒车也不是蒙古语的音译,而是蒙古族、达斡尔族等少数民族和汉族混居地区汉族人对该类车辆的称呼。最后,勒勒车一词何以从民国中后期至今成为蒙古族等少数民族车辆的常用名称,可能的解释有二:一是"勒"字书写相对简单,而"辘"字今已成为生僻字,甚至没有相应的简体字;二是勒勒车,更具北方少数民族语言特色。

六、小结

内蒙古地区少数民族用车和造车的历史,至迟可追溯至战国时期,活动于阴山南北及漠北的匈奴人当时已经能够造车,而且制车技术在牧民中较为普及,所造车辆以简易实用为主要特点。

秦汉以后,随着鲜卑、乌桓等民族与匈奴、中原王朝的交往,内蒙古东、西部地区的少数民族多数已掌握制车技术。南北朝时期,主要活动于今蒙古国北部至贝加尔湖一带的高车族,将高轮多辐的制车传统带到漠南地区,该技术传统既不同于此前的匈奴,也不同于同期的柔然。隋唐时期,主要活动于漠北等地的突厥、回纥所用毡车则延续了高车族传统,高轮、驾骆驼,更能适应戈壁沙漠地区的路况。

从北朝到元朝,奚族历经近千年,主要活动于今赤峰南部地区,其所制奚车也包含多个民族的技术传统,既有高车族的高轮多辐传统,兼有匈奴的小轮牛车传统,也极可能受到了汉族木工传统的影响。五代时期,黑车子室韦族活动于今锡林郭勒盟东部等地,其造车传统为北朝时期活动于今呼伦贝尔地区的南室韦在南迁时带来,属于匈奴小轮牛车传统。蒙元时期,蒙古族建立起地跨欧亚大陆的国家,蒙古军中有各民族的工匠,除原有的制车传统,又融合了多个民族的技术智慧,从而制造出铁轮车和巨型房车。

在宋元明清时期,北方少数民族与中原汉民族的冲突与融合进一步发展。近代以来,内蒙古地区汉族技术传统的车辆使用渐多,原有的制车传统也继续存在于牧区,高轮车传统以今呼伦贝尔等地的达斡尔车为代表,小轮牛车传统以阿鲁科沁旗的勒勒车为代表。此外,勒勒车得名原因与车辆行走时轮轴摩擦发出的声音有关,而非赶车人吆喝牲畜的声音。勒勒车之名始于民国中后期,并沿用至今,在清末被称为"辘辘车"或"罗罗车",民国初期还被称为"辘轳车",这几个名称皆为汉族人对该类车辆的称呼,而非音译。

第二节 阿鲁科尔沁旗蒙古族勒勒车制作技艺传承

阿鲁科尔沁旗蒙古族勒勒车(图5-3)是一种双轮、双辕、单轴、有辐的牛车,较其他地区传统木轮车轮径要小。勒勒车是该类车辆在汉语中的称呼,在蒙古语中其被称为"哈斯克特尔格","特尔格"在蒙古语中泛指各类车辆,若直译应为"哈斯克车"。民国中后期至今,勒勒车之名才被广为使用,而其他三类名称被淘汰。

勒勒车是蒙古族牧民游牧必备的交通运输工具,每家每户都有数辆,多适合在草原自然路或沙地上行驶,直到20世纪90年代,在阿鲁科尔沁旗

图5-3 勒勒车

仍有部分牧民在使用。2006年,"蒙古族勒勒车制作技艺"被列入第一批国家级非物质文化遗产代表性项目名录。民俗学、民族学、科技史等领域的学者及研究生已对传统制车技艺做了不少研究[275-283],但是与中原地区木轮车制作技艺有显著区别,能够体现北方少数民族技术文化特色的勒勒车制作技艺,仍需要基于实地调查,准确、全面地记述与分析。

2019年3月,笔者赴内蒙古自治区赤峰市阿鲁科尔沁旗对蒙古族勒勒车制作技艺进行调查①,现从以下几个方面予以介绍。

白音查干(1939—)(图5-4右),蒙古族,阿鲁科尔沁旗巴彦温都尔苏木达尔罕乌拉嘎查人,七八岁时到喇嘛庙里上过两年学,自16岁起在生产队放羊,1982年后在苏门塔拉小组务牧。白音查干没有正式拜师学习过木工手艺。他的父亲青鲁图是木匠,但在他3岁时就去世了。他的邻居达木仁会制作勒勒车,白音查干14岁时住在"夏营盘"(夏季牧场)达木仁的家里观看他制车,并跟着他收集制车的木材。回到"冬营盘"(过冬的牧场,也是现在住的嘎查)后,他就自己制作了一辆勒勒车,但样式不好看。之后他边收集木材边制车,技术越来越成熟,当时还卖过两辆车,每辆45元。白

图5-4 白音查干(右)和赛音都楞(左)二位师傅

---

① 笔者对赛音都楞、白音查干和敖特根巴雅尔进行了访谈,实地考察了赛音都楞的民族工艺品厂和阿鲁科尔沁旗文化馆。阿鲁科尔沁旗文化馆的工作人员宝力道、吉日嘎拉图和德力格尔其其格3位老师和笔者分享了勒勒车相关资料,下文关于松迪和敖兰白音的记述即源于这些资料。

音查干遇到木工技术难题时,也会向当时合作社的专业木匠色登、桑布和玛日苏等人请教。经过多年努力,他完全掌握了制作勒勒车、蒙古包、家具等木器的手艺。2000年以前,他就制作过300多辆勒勒车,维修过的更多。之后他也做过大、中、小三种型号的勒勒车工艺品(缩微模型)。2008年和2009年他先后被评选为第一批自治区级和第三批国家级非物质文化遗产代表性项目代表性传承人。

赛音都楞(1966—)(图5-4左),蒙古族,阿鲁科尔沁旗巴彦温都尔苏木达尔罕乌拉嘎查人,1973年至1977年在苏门塔拉小学读过四年书,1978年至今一直在苏门塔拉小组务牧。他14岁时,跟随父亲拉希尼玛和白音查干学习制作勒勒车,两年后就开始独立造车了。他的爷爷布赫尔登也会制作勒勒车。赛音都楞会制作勒勒车、蒙古包、木桶(水桶或奶桶)、箱柜、门窗等木器,曾在西乌珠穆沁旗打工,修理了80多辆勒勒车。大约在1998年以后他就不做勒勒车了,但一直做木匠活,如做家具、打门窗等,也给博物馆、学校做过勒勒车模型。2006年后他又开始做勒勒车,最初是给阿鲁科尔沁旗天山镇旅游区做了7辆车,至今总计做了300多辆。2008年,赛音都楞被评选为第一批自治区级非物质文化遗产代表性项目代表性传承人。2016年,他创办了阿鲁科尔沁旗赛音都楞民族工艺品厂,生产勒勒车、蒙古包等实用品或模型。

赛音都楞收了几个徒弟,如敖特根巴雅尔(赤峰市级传承人,他的弟弟)和乌力吉、布赫等。

松迪(1939—2012),蒙古族,阿鲁科尔沁旗罕苏木宝日浩特嘎查人,小学文化。1949年至1955年在罕苏木总校上学,1956年至1958年在内蒙古民族实验剧团工作,1959年至1963年在内蒙古军区十四团二连服兵役,1964年至去世前在宝日浩特嘎查务牧。他的外祖父仁钦道尔吉和他的父亲帕格达均会制作勒勒车,仁钦道尔吉是通辽市扎鲁特旗格日朝鲁苏木霍格图嘎查人,为当地著名的蒙古族木匠。在父辈的影响下,松迪学会了勒勒车制作技艺。

敖兰白音(1965—),蒙古族,阿鲁科尔沁旗罕苏木宝日浩特嘎查人,自8岁起在巴彦包力格公社宝日浩特小学读了四年书,1977年至今在宝日浩特嘎查一组务牧。他20岁时跟随松迪学习制作勒勒车,至今他修理和制作过的勒勒车有100多辆,近年他又制作了5辆勒勒车以及中小型车模型。2018年,他被认定为第六批自治区级非物质文化遗产代表性项目代表性传承人。

从白音查干和松迪二人的学艺经历来看,阿鲁科尔沁旗蒙古族的手艺传承方式既有基于血缘关系的家族内传承,也有基于地缘关系的熟人或邻居间的技术扩散,不同于汉族基于明确而正式的师徒关系间的传承。一方面由于勒勒车的结构与制作工艺并不复杂,没有很高的技术门槛,而且木材易得,所以不少成年男性牧民都能掌握,尽管技术水平有高低;另一方面蒙古族牧民使用勒勒车较为普遍,游牧过程中无法去寻求技术较为精湛的专家,勒勒车的维修常常需要独自完成,这也为技术扩散甚至普遍化提供了需求动力。

第三节 制车准备工作

一、工具准备

蒙古族木匠制作勒勒车所用手工工具主要为锛、凿、斧、锯,制作蒙古包会用到钻。与汉族木匠不同的是:他们不使用刨子,对多数零件平面精细加工的需求较低,即便加工车轴轴颈时也不使用滚刨,而使用一种蒙古语称为"塔图尔"(图5-5)的工具,根据其形制和功能可以称其为"双把拉镰",用以将轴颈刮削光滑;所用锯的种类主要为手锯和刀锯,框锯也使用,但相对较少;所用锛子,锛头也为全铁

图5-5 木工工具"塔图尔"

制(类似斧子,只是刃的方向不同,斧子刃与柄的方向平行,而锛子刃与柄的方向则成一定的夹角),不同于汉族木匠的锛头多为木身铁刃。

蒙古族木匠传统测量工具为手,基本单位为大拇指和中指伸展至最大时的距离,即一拃(18~20厘米),或为手指的宽度。他们也用尺、寸作为单位,但实际并不用尺子,使用大拇指、中指和食指即可量出一尺的长度,自肘部到拳头的长度也可量出一尺的长度。使用大拇指指肚可量出一寸的长度,伸展双臂两手指尖为五尺距离,这些与汉族民间木匠有相同之处。手测虽然有误差,而且单位长度会因人而异,但完全不影响勒勒车的加工、组装和使用。画线用凿子或锯子来做标记,也会使用铅笔。制作勒勒车也需要自制一些专用简易量具,如用于确定轮毂曲面卯眼位置与尺寸的木条尺,用于确定轮辋端面榫卯与曲面卯眼位置和尺寸的木条尺,用以确定轮辋的宽度和位置的"圆规尺"等。为了提高加工效率,木匠也会制作加工轮辋的模具,即用薄木板或胶皮,按规定尺寸加工出扇环形轮辋的形状。

赛音都楞的工艺品厂现在制作勒勒车,主要使用榫槽机、细木工带锯机、电锯电刨一体机等现代木工机床,可以降低劳动强度,提高生产效率。现在所制作的勒勒车各零部件已有标准化的形制和尺寸,后文会有叙述。但是过去主要以手工方式制作勒勒车,零部件的形制和尺寸通常取决于所用木材的状况,比如轮辋可以长度大小不一,轮辐并非完全笔直等。

二、材料准备

勒勒车的主体为木结构,轮毂内需加固铁质车穿,轴颈处需加固铁锏,铁质零件均为生铁翻砂铸造。现在所用木材多直接购买现成的使用,过去都需要上山挑选、砍伐合适的木材。伐木一般选择在冬季、春季进行,伐木前要先祭拜山神,祈求山神的谅解和保佑[①]。木材多选用北方草原及其周边山区常见的桦树[②](红桦树、白桦树均可),桦树稀少的地方会选用榆树、

[①] 祭拜山神时,年长的木匠带领大家跪向山峰并多次叩首,将奶制品和酒洒向大地。他们与山神沟通的祷告词为:"我们是来找木材的,被砍掉的可能会是您的心爱之树,也可能会是您的拴马桩,对此我们不太清楚,请原谅并保佑我们。"他们将自然神化为山神,向其索取之时,是充满敬畏之心的。
[②] 蒙古族木匠认为桦木质地坚硬,不易被雨水等淋透,不易腐烂。

皆为硬木,但轮辐选用"洽日苏"(柞树,也称"栎树"或"橡树")最佳,榆树也可以,编织车底用红柳。砍伐一棵桦树或榆树,应充分利用木材,弯的可做轮辋,直的可做压厢、横撑和立柱,树杈可做轴鞍。

木材运回家后要进行干燥处理,先将其埋放在羊粪、牛粪或河泥里一周左右,然后将木材挖出,制作轮毂的木材还要用火烘烤使其干燥。这样做是为了去除木材里的水分,防止勒勒车在使用过程中木质零部件伴随自然干燥而出现开裂或歪曲的现象。干燥完成后,去掉木材上的树皮和结疤等,按各零部件的尺寸需求配料。[①]

三、人员与工时

过去有专门的木匠制作勒勒车等木器,如今许多人都会制作和修理勒勒车。勒勒车为木质结构,容易损坏,牧民游牧转场的路上,随时可能需要维修或制作更换新的零部件,特别是车轮。据白音查干说,如果有现成的轮毂,他一人一天即可完成车轴和车轮的加工,两天即可完成整车加工和装配,即便是从头制作,最快时三天即可制作一辆勒勒车。赛音都楞的工厂现在采用机械化生产,批量制作了大量轮毂和轮辋等成品零件,码放在车间里,如有人订制勒勒车,可以快速交货。

第四节
制车工艺流程

普通勒勒车的结构主要分为两大部分:轮轴和车架子(即车厢)。轮轴包括车轮和车轴两大部件,车轮,主要由轮毂、轮辐和轮辋组成;车架子,包括车辕、横撑、竖撑(或称"立柱")、车压厢(或称"车厢盖")、轴鞍、上牛轭和

---

① 据赛音都楞和敖特根巴雅尔介绍,只有制作轮毂的木材需用火烤处理,其他木材要放河套里用水泡,泡一个礼拜左右,然后晒干,可防止木材产生裂纹,并加速干燥。巴雅尔还见过父亲上山做车,拉轱辘上山,做好车辕,然后用牛套车下来。车轮不能去山上做,车辕可以。车辕用湿木头直接做没问题,车轮则要用干的木头做。有时候也用湿木头,但这样的情况很少。

下牛榥等零部件。勒勒车结构相对简单,对载重和速度性能以及使用寿命的要求也不高,所以制作工艺并不复杂和精细,制作工艺流程图如图5-6所示。

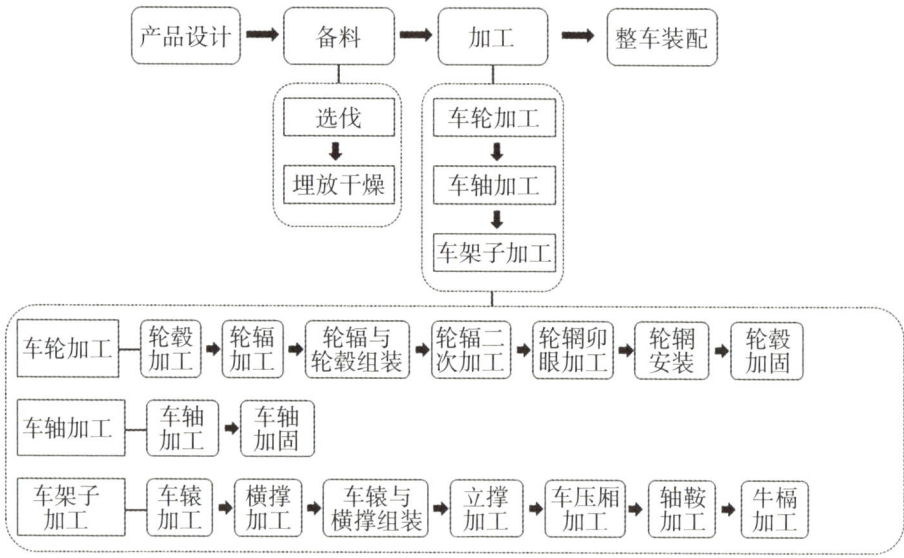

图5-6 阿鲁科尔沁旗勒勒车制作工艺流程图

图5-7 阿鲁科尔沁旗勒勒车车轮

一、车轮加工

阿鲁科尔沁旗勒勒车的车轮直径约为1米,结构为"一毂六辋十八辐"(图5-7),每3根轮辐对应1块轮辋。加工工序如下:

1. 轮毂加工

轮毂,蒙古语为"包鲁",成品直径为18~25厘米,长30~35厘米[①],具体大小视木料情况而定。每车两个轮毂。

---

① 赛音都楞家中收藏了一个车轮,大约为20世纪末期所造,轮毂直径为23.5厘米,长为30.6厘米;他新制的轮毂直径为23厘米,长为34.5厘米。据白音查干介绍,轮毂粗(即毂围)3拃以上,一般要5拃左右,轮毂长1套海尺(即自肘部到拳头的长度,相当于1尺)。

（1）火烤。选取足够制作两个轮毂的一段木材，用手锯一截为二；用斧子砍去树皮并加工成近似正圆柱体，然后用火烤，以牛粪和干树枝为燃料，烤至木材外表起皮即可，这样可使轮毂更加结实，还能防止产生裂纹，故阿鲁科尔沁旗勒勒车的轮毂均为黑色。

（2）轮毂卯眼加工。轮毂曲面上中间位置[①]均匀分布着18个卯眼，用于与轮辐榫头配合连接，卯眼长4~5厘米，宽约1.3厘米[②]。用自制量具和铅笔在轮毂曲面上画出两道轮毂卯眼线边界线，以确定卯眼的横向位置。然后用细绳量取轮毂周长，将圆周等分转换为细绳直线等分，即可确定18个卯眼的周向位置，具体步骤：先三等分，再将每份两等分，此时分成六份，然后将每份三等分，即可得到十八等分点，用斧子和凿子开凿出卯眼。

（3）轮毂毂孔加工[③]。毂孔与轴颈连接，位于圆柱体形轮毂的轴心线上。由于轴颈为圆台形，所以毂孔也是内大外小，内外径相差1厘米，内径约为7厘米，外径约为6厘米。[④]毂孔中心位置通过画十字线来确定，用斧子和凿子凿通毂孔。

2.轮辐加工

轮辐，也称为"辐条"，蒙古语为"贺格苏"。毛坯长约50厘米，成品长度取决于轮毂的粗细，如轮毂小则辐条长，轮毂粗则辐条短，从而保证轮径不变；宽4~5厘米，厚约3厘米，近毂端薄，约1.5厘米，近辋端厚，约3厘米，中间渐变过渡。每轮需要加工18根轮辐，每车共计36根。

（1）轮辐毛坯加工。选取约5厘米粗的弯曲树干（或较粗的弯曲树枝），用手锯截取，每段长约50厘米，然后用锛子砍削，从两面去除树皮，并加工成厚约3厘米的长木板。

[①] 据松迪提供的相关资料可知，轮毂曲面卯眼位于轮毂正中以内，"卯眼垂直又略向外倾斜"，安装上轮辐和轮辋后，轮辋恰好处于轮毂曲面中线所在的平面上。
[②] 该数据来源于阿鲁科尔沁旗文化馆实测，估计是用4分凿开出的卯眼，赛音都楞介绍宽为3厘米，可能有误，此处以实测为准。
[③] 据松迪介绍，应先加工轮毂毂孔，然后凿出轮毂卯眼。
[④] 赛音都楞收藏的旧车轮毂毂孔内外径分别为7.5厘米和6.5厘米，阿鲁科尔沁旗文化馆收藏的车轮毂毂孔分别为6.5厘米和6厘米。

(2)轮辐近毂端榫头加工。用斧子砍削,将木板两个侧面修整光滑,并加工为宽4~5厘米,然后将一端削薄为约1.5厘米,作为榫头,榫卯类型为无肩透榫。特别要指出的是,轮辐木材如果是弯的,也不影响使用,将弯曲的一端作为近辋的一端即可。赛音都楞收藏的旧木轮上有两根轮辐即是弯曲的。

3.轮辐与轮毂组装

在加工轮辐近辋端榫头前,需将其先安装于轮毂上。所用工具仅为斧子和两块长木条,用斧子楔辐条时,将两块长木条交叉作为夹具来固定辐条,以防伤手。

4.轮辋加工

轮辋,蒙古语为"么哥儿"。成品厚为6~7厘米,宽约为7厘米,外弧线长度没有统一的规定,与所用木材的形状、大小以及轮辐的弯曲程度有关。每轮6块轮辋,每车共计12块。过去轮辋有两种类型:"奥鲁盖辋"和"朱斯木勒辋"[1],前者所用原木段仅可加工1块轮辋,成品尺寸宽和厚均约为3个手指头(使用手指根部测量,约6厘米);后者所用原木较粗,可加工两块轮辋,成品尺寸宽约为5个手指头(约10厘米),厚约为3个手指头(使用手指尖部测量,约5厘米)。[2]

本次在阿鲁科尔沁旗调查的轮辋属于第一种,选取弯曲的树干或较粗树枝作为辋材,用手锯截取一定的长度,使用锛子去皮并加工为厚6~7厘米的木板。再用"圆规尺"或特制模具画出轮辋的内外弧线,然后加工出扇环形零件。

5.轮辐近辋端榫头和轮辋卯眼加工

如果车轮直径为1米,那么"圆规尺"画出的半径为50厘米。轮毂和轮辐组装后,把轮毂安置于土坑中,并将"圆规尺"一端插入轮毂毂孔,绕其旋转,同时用铅笔在18根轮辐上分别画出轮辋内弧线的位置,也是轮辐近辋

---

[1] 奥鲁盖,在蒙古语中为名词,意为盲肠;朱斯木勒,在蒙古语中为形容词,意为削割的、切割的、切条的。
[2] 此处两种类型的轮辋,与《考工记》所载"凡为轮,行泽者欲杼,行山者欲侔。杼以行泽,则是刀以割涂也,是故涂不附;侔以行山,则是抟以行石也,是故轮虽敝不甋于凿"有相通之处,轮辋截面近方形,适合行山,轮辋截面近长方形,如刀割泥,适合走沼泽之路。

端榫头的榫肩位置和榫头的长度。将6块轮辋摆放在18根轮辐相应的位置上，根据每根轮辐的位置即可确定每个轮辋卯眼的位置和尺寸，同时可确定每块轮辋内外弧线的长度。要特别指出，由于轮辐可以是弯曲的，所以轮辋卯眼也可以不是等距的。

轮辐近辋端榫头厚度略小于2厘米，使用刀锯（或框锯）切割出榫肩，然后用锛子砍削出榫头，榫头一侧榫肩高约1.7厘米，另一侧榫肩较窄，以保证榫头厚度要求，并将较窄榫肩切削掉。轮辋卯眼长约3厘米，厚2厘米，且位于轮辋厚度的中线上，使用6分凿凿出。

轮辋的两端分别加工出双肩榫和开口卯，榫头高约1.5厘米，厚约1.5厘米，宽同轮辋宽度；开口卯的尺寸与榫头匹配。6块轮辋首尾相接，相互咬合，连接为圆环，可保证车轮转动时轮辋不摇晃。

6.轮辋安装和轮毂毂孔加固

安装轮辋时，单人操作，用斧子即可，如果有个别轮辐榫头和轮辋卯眼连接不牢固，可用木楔补救加固。要特别注意的是，轮辋端面的开口卯要朝前，即车轮行进的方向。

轮毂毂孔容易磨损，需用铁质车穿[①]加固。每个车轮需要两个车穿，一大一小，均为圆环形，厚度约1厘米，内径大的约为7厘米，小的约为6厘米，外圈有4个燕尾形榫头，榫头宽3~4厘米，高约1厘米，用于防止车穿在轮毂中周向滑动。使用老旧的一对车穿翻砂铸造即可复制。在轮毂上加工安装车穿的凹槽时，需将车穿与毂孔对齐，用铅笔画出车穿形状，然后用凿子凿出。将车穿用斧子楔入凹槽后，还需在两个车穿燕尾榫头的边缘楔上两个大帽钉，防止车穿掉出轮毂外。

二、车轴加工

车轴，蒙古语为"腾乐格"。加工时要选用没有结疤的桦树作为材料，

[①] 赛音都楞家中收藏了两个大型铁质车穿，据说是从附近墓地挖出的，可能为辽代的遗物。两个车穿均为圆环形，外圈均匀分布有6个榫头，用以固定于木质轮毂上，内径为15厘米，外径为18厘米，榫头高约为3厘米。使用这个车穿的车轴轴颈的直径是现在勒勒车的2倍。

成品长1.8~1.9米,直径8~10厘米①,轴颈端部直径5~6厘米,根部7厘米,长约46厘米②,实际长度取决于轮毂长度,轮毂外要留至少10厘米③,其中辖孔长约4厘米,宽约1厘米,辖孔与轮毂间距1厘米,辖孔外还要留约5厘米。轮距约为136厘米。

轴颈加工时,需确定轴心线和轴肩位置,还要画出轴颈加工线。使用手锯锯割出轴肩,然后先用锛子粗加工,再用双把拉镰精加工,以保证轴颈光滑。使用凿子加工出辖孔。轴颈上与轮毂摩擦部分也需加固铸铁制成的铁锏,共8个。

三、车架子加工

1.车辕加工

车辕,蒙古语为"阿日勒"。车辕木料要求长20~22拃、根部粗2拃、梢部粗2虎口(即大拇指和食指伸展开的距离)左右。车辕成品尺寸长约4.1米,8~9厘米见方(或为圆形直径尺寸)④,共需2根。车辕摆放一定要梢部在前、根部在后,辕距(内沿)约为74厘米⑤。

(1)车辕毛坯加工。使用锛子去皮,并砍削为前圆后方的形状。

(2)车辕侧面卯眼加工。侧面卯眼用于与横撑榫头连接,卯眼位置确定方法:从辕尾向前量取1拃开倒数第一个卯眼,然后再向前量取1拃(3个手指宽,约26厘米)开倒数第二个卯眼,以此类推,依据车的大小,每辕需开凿8~10个卯眼。卯眼尺寸的确定需要通过直接摆放横撑并依据横撑榫头的大小来画线确定,一般长5厘米,厚1.5厘米。

(3)车辕平面卯眼加工。车辕平面卯眼用于与4根立撑(以一个车辕

---

① 据白音查干介绍,车轴长度为9拃。
② 白音查干说,轴颈长约一尺五寸(约50厘米),与包鲁(轮毂)长度有关,没有具体规定多长。据巴雅尔介绍,现在用机械加工,轴颈长约40厘米。
③ 白音查干介绍,包鲁外边留多长没有规定,一般留4~5寸(13.3~16.7厘米)。
④ 白音查干说,车辕长度为18~21拃,3寸见方;松迪说车辕木的长度在19~22拃。
⑤ 据赛音都楞和巴雅尔说,以前车辕前宽后窄,辕前(牛肚子处)距离93厘米,辕梢要向内弯曲,距离约90厘米,辕尾距离约85厘米。现在做的勒勒车都是平行的。

为例)的榫头连接。平面卯眼位置与侧面卯眼位置错开,假如有9根横撑,那么4根立撑分别位于第3根和第7根的两侧,即与它们相邻横撑的中间位置。

2. 横撑加工

横撑,蒙古语为"幺鲁"。成品长约95厘米,宽5厘米,厚3厘米,现在多为每车9根。横撑两端加工出榫头,与车辕卯眼连接,榫头类型为单肩榫。

3. 车辕与横撑组装

这一工序需至少2人配合,先用斧子将横撑榫头分别楔入车辕侧面卯眼,再将另一根车辕卯眼与横撑榫头初步对齐并连接,一人立起并扶稳这一组合体,另一人用一根粗木(代替大锤)用力敲击上方车辕,将车辕与横撑的连接夯实。在倒数第三根横撑两端榫头的榫肩内侧上,分别开卯眼,楔入小木条(小木条穿过车辕,所以车辕上相应位置也要开槽,大小应与小木条配合),用作横撑卡子,预防横撑横向松动。

4. 立撑加工

立撑,蒙古语为"高嘚"。立撑宽约5厘米,厚约3厘米,每个车辕上需要4根,共计8根。中间两个立撑高约50厘米(包括榫头高度),因为其需要贯穿车辕和轴鞍,两边两个高约40厘米。立撑上端连接车压厢,故立撑高度取决于对车压厢高度的要求。车压厢高度需比车轮高两个手指头左右,以防止运输草料时草堆压住轮子。

5. 车压厢加工

车压厢,蒙古语为"达玛夏"。成品长约118厘米,宽约6厘米,厚约4厘米,每车需2根。车压厢两端需超出两个外侧立撑3个手指头(5~6厘米)左右,中间需开凿4个卯眼,与立撑榫头连接。

6. 轴鞍加工

轴鞍,蒙古语为"额么勒"或"扎拉夫切",用于连接车轴和车辕[①],每个车辕下面各1个,分别安装于车轴(开有浅槽)上,两轴鞍间距离同辕距。轴鞍木料选择有特殊要求,轴鞍粗细与车辕木料相同,长度约为5拃,但需

---

① 轴鞍,类似《考工记·辀人》中所提及的伏兔。

选择带有分杈的部位,用分杈再加一个卡木,可以骑在车轴轴身上,轴鞍也因此得名,将树杈卡在轴身的后面,这样向前拉车时轴鞍更结实。现在勒勒车轴鞍直接使用两个卡木,而不再特别寻找带树杈的木料。现今成品轴鞍长约86厘米,中间厚约9厘米,宽约8.5厘米。

无树杈轴鞍上需开凿4个卯眼:两侧2个卯眼为透卯,与上文所述的中间两个立撑榫头连接,即可将车辕与轴鞍连为一体;中间两个卯眼,用于与2个卡木连接,即可将轴鞍与水平车轴固定,但可旋转,竖直方向可随时拆卸。

7. 牛榅加工

牛榅,或称"牛轭",也有地方称其为"牛鞅子",蒙古语为"包勒嘎"。勒勒车的牛榅有两个,即上榅("德哥都包勒嘎")和下榅("道日都包勒嘎")。牛榅要找弯曲的木料做,上榅长约90厘米,宽8~9厘米(中间宽、两头略细),下榅长约60厘米,宽度相比上榅较窄。将弯曲木料砍削成形后,还要用火烤干,使其内侧平滑,不伤牛脖子。在上榅的两端各加工一个榅孔(大拇指粗细),再找粗细适当的稠李子树,用火烤软后绞紧,用作绳子,穿过榅孔,并绑在辕梢部位,还要在两根车辕梢部各加工一个卯眼,并楔入木条,用于卡住稠李子树,使得上榅不会向前脱出辕梢。下榅的两端也要各加工一个榅孔,用两个牛鞅子环分别与车辕连接。套牛后,将下榅与上榅上下对应,配合使用。

四、整车装配

将车辕、横撑、立撑、车压厢、轴鞍和牛榅组装完毕后,使用红柳条在横撑上编织,做成车底板[①],然后将其置于车轴之上,把两轮分别套在轴颈上。车架子、车轴和车轮三大部件是可拆卸的。整车装配完毕后,还要楔入车辕(木质,长约10厘米,尺寸应与辕孔配合)。在横撑榫头露出车辕侧面卯眼外侧的部分,还要再用楔子固定,以防止其松动。

---

① 也可以用红柳编织好的垫子直接放置在横撑上,作为车垫或篱笆垫子。

第五节
勒勒车的使用和现代变迁

一、勒勒车的使用

勒勒车,是一种结构相对简单的木制车,铁器配件很少,车体自重轻,多用一头牛驾挽,一般载重在250~350千克,适宜在牧区的草原自然路、沙路上行驶。在冬季道路条件下,勒勒车一般日行30千米(以每日行驶10小时计),单套车载重150~200千克,二套车载重350~400千克;在夏季道路(不泥泞)条件下,勒勒车一般日行25千米,单套车载重100~125千克,二套车载重150~300千克[284]。

勒勒车的制作无须太过精细,维修也并不复杂,即便损坏,牧民可随时随地简单修理后继续使用。过去牧民游牧转场(转换草场)搬家时,将数辆勒勒车首尾相接,鱼贯而行,仅由一人驱赶前行,故有人称其为"草原列车"。

根据用途不同,勒勒车可分为篷车、箱车、柴薪车、水车和普通勒勒车等类型。不同类型的勒勒车,差异主要表现在车厢部分,其他并无不同。篷车,车厢上有木制篷架,外边罩着毡子,类似汉族所用传统轿车,主要用于载人,夜间赶路时人可在车中居住。牧民搬家时,篷车走在最前面。普通勒勒车,类似汉族所用的载物大车,用于运载分拆的蒙古包,一般需要3辆车,走在最后面。箱车,在普通勒勒车车厢内放置一个木制大箱子,用以盛放衣服、粮食、肉食等物品。水车,在普通勒勒车车厢内放置一个大木桶,用以运送水。柴薪车,车厢四周有木板或柳条编织的挡板,用以运输牛粪等燃料。箱车、水车、柴薪车依次走在中间。每户牧民根据实际需要,制作一定数量的勒勒车,越富裕的家庭,箱车数量越多,赶车时后一辆车的牛要系在前一辆车的车尾。

二、勒勒车的现代变迁

勒勒车是蒙古族牧民的传统交通运输工具,在国家现代化和工业化的背景下,勒勒车也经历了先被改造后被淘汰的命运。以阿鲁科尔沁旗为例,1949年全旗勒勒车保有量为7224辆,1966年为1670辆,1983年为1048辆,到1988年,基本被"小胶车"所取代。"小胶车"是传统勒勒车轮轴改造的产物,车轮为铁圈,内径0.65米,车辐为细铁棍,每轮约40根,铁圈外包以橡胶皮,车轴亦为铁制,车身类似传统勒勒车为硬木制作。20世纪60年代,阿鲁科尔沁旗开始有这种"小胶车",1966年有1144辆,1978年有19394辆,1988年有36224辆。"小胶车"较传统勒勒车小巧、灵活、轻便,到20世纪80年代已遍及全旗的农家和牧户[285]。

勒勒车虽然在20世纪末期被淘汰,但其制作技艺并未消亡,有不少蒙古族老木匠都掌握着这门手艺。2004年中国加入联合国《保护非物质文化遗产公约》后,包括传统制车技艺在内的诸多非物质文化遗产得到抢救性发掘与保护,蒙古族勒勒车制作在这种背景下又得以恢复。但勒勒车在人们日常生产生活中已失去原来的需求市场和存续环境,仅部分文博单位、旅游景区尚有需求,不仅数量少,而且难以持续,缩微模型等工艺品开发也仅是补充。此外,现代木工机械在传统勒勒车制作工艺中应用愈加广泛,不仅降低了劳动强度和加工难度,还提高了生产效率和加工精度,但这门手艺及其蕴含的传统知识和智慧如何得以传承和保护?机械化批量生产即使存在,也应该保证纯手工制作的传统与技艺不被丢失。

第六章 传承与保护价值

第一节
中国制车技术演变的关键节点（清代以前）

中国车辆的演变是一个大时间跨度的论题，限于时间和资料占有情况，笔者以制车核心技术（车轮、车辕、系驾法等）的重要发明或革新为线索，以厘清制车技术演变的关键节点，而对于车舆类型与变化及其文化意蕴并未给予关注，立论基础既有一手资料的利用，也有二手资料的总结和进一步分析。

据目前考古发现，车辆最早出现于中东两河流域或高加索地区，年代不晚于公元前4千纪晚期。关于中国古代车辆的出现证据，考古学上最可靠的证据依然是出土的晚商马车遗存，但也有考古发掘（车辙、车軎陶范等）资料表明在早商乃至夏代已经使用车辆，而且先秦两汉文献中关于车辆（包括驯化牲畜）发明与使用的记载也不能视为虚妄。可以初步判断，中国古代车辆出现的年代应不晚于夏代中后期，而且极有可能在夏禹时代（奚仲时代）即已经出现。关于欧亚大陆东西方车辆的关系，仍有争议，但总的来说，不仅西方汉学家，越来越多的中国学者也接受了中国车辆（特别是马车）"西来说"。

商代晚期以降，古车制造技术重大技术变革主要有三：一是由独辀车到双辕车的转变（发生于战国时期至汉代）；二是由轭靳式系驾法到胸带式系驾法（转变发生于战国时期至汉代），再到鞍套式系驾法的转变（发生时期不晚于元初）；三是独轮车的发明（至迟创始于西汉末期）。除了以上重大技术发明外，还有许多技术革新，比如轮辐数量的增加、轮毂的加长和加固以及 轮牙设计的应用等。这些革新的动因是战争，西周、春秋时期盛行车战，特别是春秋时期兼并战争愈加频繁，车战达到极盛，不仅表现为战车数量的激增，也表现为战车质量的改善，战争需求促进了军事装备制造技术的进步。

以上认识主要基于对已有研究的进一步思考和总结，笔者基于一手资料对轮辋制造工艺从"𫐓"到"锯"的转变以及𫐓制工具进行了考证,认为𫐓制工艺直到东汉时期还有应用,锯辋工艺西汉末期可能已经出现,魏晋南北朝以后,锯辋工艺愈加广泛。𫐓制工艺中将直木𫐓制为圆弧形的专用工具即为"檃栝"。

第二节

关中木轮大车、平舆太平车和阿鲁科尔沁旗勒勒车的差异

从形制上看,关中木轮大车(以下简称"关中大车")和阿鲁科尔沁旗蒙古族勒勒车(以下简称"勒勒车")均为双轮、双辕、单轴车,而平舆太平车(以下简称"太平车")为四轮、无辕、四轴车。从局部来看,关中大车的车轮为九辋十八辐,勒勒车的车轮为六辋十八辐,均为有辐轮,而太平车的车轮为三块木板拼接而成的实心无辐轮,即辁轮。

从用料上看,关中大车主要用槐树(或榆树)、枣树、柳树等树种,勒勒车主要用桦树(或榆树)、柞树、稠李子树、柳树等树种,太平车主要采用国槐(或榆树、椿树)等树种,这些木材在当地均较为常见,不属于名贵木材,可以满足相对较低成本、较大需求的车辆制作要求。为了使木材满足车辆加工或使用的要求,在选材上,工匠们会因材施用,比如关中选用枣木做车轴,阿鲁科尔沁旗选用柞木做轮辐;在材料预处理上,主要是干燥和防腐,工匠们会因地制宜,比如关中将木料架到屋梁上长时间阴干,平舆有"水杀"和"熏炕"的工艺,阿鲁科尔沁旗用羊粪或河泥埋放木材并火烤木材。

从工艺上看,关中大车与勒勒车虽然整体结构类似,基本工序也相近,但加工工具和方法差异较大:制作关中大车,画线工具墨斗和测量工具木工尺为木匠必备之物,甚至此二物为掌线师傅的重要标志,切割工具框锯和取平工具刨子均十分常用。制作勒勒车一般不需用墨斗画线,也不用尺子测量,也不必用刨子刨平或刨光。切割工具主要以锛子、斧子为主,也会用手锯。蒙古族木匠进山伐木时会参照零部件大小来选材,比如按照车辕的直径(或边长)大小来选取相应粗细的桦树,并用手锯伐倒。加工车辕时

用锛子砍削平面,无须画线和锯割,也不用刨平和刨光。如需要测量长度,用手指测量即可。太平车的形制与前述二者差异很大,工序也自然不同,在加工工具和方法上却与关中大车差异较小,特别是木工通用工具非常相近,比如墨斗、框锯、刨子、木工尺等,如果忽略少数由于形制不同而采用的特殊工艺,可以说,平舆和关中的木匠采用类似的工艺加工了不同的器物而已。

从使用上看,关中大车既可驾马或骡也可驾牛,综合性能(载重和速度)最优,对地形和路况的适应性最好,所以其不仅用于农业短途运输,也广泛用于商贸、军事的长途运输,民国以前在北方多数地区均十分常见;太平车载重性能好,一般需两三头或者更多头牛来作为动力,运输速度低,而且四轮无转向机构,主要适合用于平原地区农业短途运输,民国时期主要使用地域范围为豫东、鲁西和皖北等地;阿鲁科尔沁旗的勒勒车,主要驾牛,载重性能较前述二者低,速度一般也略慢,主要适合用于草原自然路或沙路,蒙古族牧民主要用勒勒车在转换草场游牧时搬家,也用来拉水或买盐。民国以前关中大车和太平车的拥有者是少数富裕农民,而勒勒车却为多数牧民所拥有,只是拥有数量多少存在差别。由此也不难理解,关中大车和太平车的制作更讲究、更牢固耐用,轻易不容易损坏,但一旦需要维修,也会很麻烦,通常需要专业木匠来完成;而勒勒车的使用寿命相对较短,即便损坏,赶车人自己即可用随车携带的工具简单修理便能继续行进。

综合而言,关中大车和勒勒车的整体结构特征相似,虽然局部细节也有差异,但二者技术"亲缘关系"较近。关中大车的制作技术较勒勒车更为先进、更为精细,反映了民国乃至清代的制车技术水平,而勒勒车较为落后、较为粗放,反映了更早历史时期的技术面貌。太平车与它们的差异较大,技术"亲缘关系"较远。由于目前已知最早的车辆为四轮车,而在中国考古并未发现四轮车,而且在元代以前关于四轮车的文献记载不多,即便有的那些,也是一些特种车辆,或者为皇帝游玩制作,或者专门为某一进攻方式而设计,其形制也无较为具体的描述,所以对于太平车及其技术先驱(某种四轮车)我们难以给出进一步的历史定位。

第三节
传统制车技艺的特点和现代变迁

传统车辆是指在中国地域范围内世代相传,于清代以前即已成熟稳定,且在民国时期未受到现代科学技术和工业化影响的陆上有轮交通运输机械。传统制车技艺的主要特点(也是判别制车技艺是否传统的重要标准)表现在三个方面:

首先,技艺背后隐藏的工匠知识传统。工匠知识中最为重要的是技术口诀和谚语,涉及设计标准、关键参数、选材用料、加工规范、检测方法以及简便运算公式等内容。这些内容是数代工匠长期实践经验和地方风俗习惯的结晶,是他们反复试错、校正、维修的思考与总结,其中有些口诀为车辆制造的核心技术,只有"门里出身"的血亲或悟性较高的徒弟方能掌握。车木匠既不画工程图也不"放大样",但这并不意味着他们不懂设计,他们的设计思想和规范就在这些口诀和谚语中,而且他们的设计综合考虑用户需求、牲畜种类和大小、材料性能和成本,以及人的使用便利和安全等因素,所制造的产品也表现出宏观共性甚至标准化的一面;在加工过程中又会根据实际情况,灵活掌握,在允许范围内调整,比如要常常考虑材料性能和大小、成本等因素,所制产品又会表现出微观差异或个性化的一面。

其次,加工技巧很传统。特别是榫卯位置和尺寸的确定,车木匠多采用等分法、"擩移画线"法或制作专用工具等方法来解决问题,避免通过复杂计算来实现。这些方法不仅简便实用,而且加工误差小。

最后,加工工具和材料传统。工具和材料是物化的技艺,判别最为容易和直观,部分特制的专用工具(包括十分简易的工具)尤能体现传统工匠的智慧和传统技艺的精髓。民间工匠用手和手臂等身体部位作为测量工具,由于个体差异的存在,虽然会产生误差,但在允许范围内。如果需要更高精度的测量,他们会选择简易方法或工具来解决问题。当然他们也有自己的木匠尺(还有石匠尺、席匠尺等),一般最小刻度或为分,或为半寸,或为寸。他们的木匠尺多是以师父的尺子作为标准复制的,在传承中也会存在误差。传统材料多为天然原料,如树木、麻、动物皮毛、鱼鳔、桐油、蜂蜡等。

车辆在中国有3000多年的历史,在人们的生活、生产中发挥了重要作用,最终成为农耕文明时代先进生产力的代表。18世纪以来,工业文明在西方兴起,不断发展壮大,并强势扩张。在工业文明全球化的浪潮中,多数手工业受到巨大冲击,日渐式微。传统车辆在这样的背景下,逐渐被改造和替代,最后走向消亡。

传统车辆的现代变迁发端于城市,然后逐渐辐射至农村和牧区,直接动因是汽车、黄包车等现代交通工具的引入和道路现代化。这一转变在民国时期即已开始,地域范围主要限于城市,直到1949年才在农村地区逐渐展开。中华人民共和国成立初期,国家开始进行社会主义改造,农村的传统车辆由富裕农民私有转变为集体所有,基本不再新制,如需增添新车,也多为改造的畜力车或人力车(比如胶轮铁轴)。1958年,全国农村还发起工具改革运动,"滚珠轴承化"加速了传统车辆改造的历史进程。1978年,农村实施家庭联产承包责任制,土地等生产资料划分给农民以家庭为单位承包,一方面多数农户并没有牲畜和车辆,另一方面现代农业运输工具(机动车)愈加普及,传统车辆在20世纪末逐渐走向消亡。

自2005年以来,国家和地方开始开展非物质文化遗产保护工作,传统车辆制作又重新得到恢复。传统车辆虽在20世纪末被淘汰,但其制作技艺仍保存在年老的车木匠手中。他们出生于20世纪二三十年代,在民国末期制车技艺即已娴熟,还有不少20世纪50年代出生的木匠,出身木匠世家,对这一制作技艺也非常熟悉。这些木匠中有部分被寻找到并被评选为非物质文化遗产代表性项目代表性传承人。他们制作的传统车辆主要被文化馆、博物馆等单位收藏,或被旅游景区购买。但在交通技术和运输工具极为便利的今天,传统车辆在人们日常生产生活中已失去原来的需求市场和存续环境。

第四节
传统技艺的学术价值和现实价值

　　王振铎、李约瑟和刘仙洲等科技史学者很早就关注民间存在的传统技艺，主要是因为其具有一定的史料价值，可用以补充古籍文献对古器物及其制作技艺记载的不足。传统技艺在历史上形成并世代相传至今，由其所处社会的需求所驱动或者为外来更加先进的技术所影响，在时间上是不断发展变化的。同时也必须指出，技术在创新的同时更多的是继承，很少有技术是绝对的空前发明，我们总能找到其技术发明、革新的基础或者说先驱，换句话说，有不少技术要素如同生物基因一般传承至今，尽管有基因突变等生物变异的存在。此外，由于不同地域的社会发展程度不同，在一些偏远地区或发展落后地区，其所保有的技术就更接近原始。正因如此，前辈先贤才将其纳入史学研究的视野。

　　当然，用现存传统技艺调查资料当作史料去论证年代久远的技术史问题有无法逾越的逻辑漏洞，即时间距离，即便使用也仅作为旁证。但是现存传统技艺的参考价值是毋庸置疑的，也是极为重要的。学者研究历史上的某一项技术或工程，如果能像工匠一样掌握其制作或建造技术，那么在理解的深度上、论证的说服力上，以及提出更为可靠的阐释等方面无疑大有裨益。虽然多数学者难以达到这种"学者+工匠"合二为一的理想状态，但去向工匠请教和学习，朝这种状态去努力不仅是正确的，更是必要的。笔者认为汉儒和清儒在注解《周礼·考工记》时，即便没有自觉地去专门做技艺调查，也会不自觉地使用或借鉴了当时的工匠知识，尽管比较有限，观其名物方法即可有此判断。最后仍需强调，使用现存传统技艺的调查资料时，无论是当成史料还是参考资料，都必须保持警醒并小心地做判别，因为时空距离始终存在。

　　传统技艺具有重要的现实价值，现已是国际共识，在中国也得到了社会各个层面的关注和重视，从以下事项即可判断：联合国教科文组织制定的《保护非物质文化遗产公约》(2003)、中国国务院下发的《关于加强我国非物质文化遗产保护工作的意见》(2005)、全国人大通过的《中华人民共和国非物质文化遗产法》(2011),文化部与工业和信息化部、财政部联合制定的《中国传统工艺振兴计划》(2017),以及现已形成的建制化的"国家+省+市+县"4级保护体系(包括非遗保护机关、非遗保护中心以及各级非遗代表性项目名录及其代表性传承人的评定制度等)。

传统技艺(手艺)的本质特征和价值内涵到底是什么?华觉明先生在《手艺的再认识》一文中做了系统的讨论,他认为手艺的本质特征有"三品四性":手艺具有实用品格、理性品格、审美品格,以及手艺是人性的、个性的、历史性的和永恒性的。这些特征又分别决定了手艺的固有价值,即民生价值(使用价值)和经济价值(交换价值),学术价值(科学技术基因),艺术价值和美育价值,人文价值(情感、习俗和信仰等),维护文化命脉、保持民族特质和文化多样性的重要价值;同时手艺也是人类共性和共同价值的见证,以及人类历史延续性的见证。他说:"传统工艺乃国之瑰宝。……是一座堪与中医药媲美的民族科学技术宝库。"

在人类历史的长河中,世界上不同国家和民族均形成了自己独特的技术文化传统。正是这种技术文化传统,犹如生物之遗传基因,让不同民族保持了各自的精神特质。但是18世纪以来,在西方工业文明推动的现代化和全球化浪潮中,这种文化独特性和多样性在不断消失。进入21世纪以来,保护文化遗产和保持文化多样性成为国际共识。此外,随着中国综合国力的不断增强,我们要更加理性地看待自己的文化传统,我们的文化自信不断加强,文化软实力得到提高。传统技艺的调查与研究,是一种自觉地认知我们技术文化传统的行动,是弘扬、传承传统文化和保护、振兴传统技艺的基础性工作,具有重要的现实意义。

参 考 文 献

[1] 张柏春.认识中国的技术传统——关于中国传统机械的调查[J].自然辩证法通讯,2002,24(6):51-56,80.

[2] 华觉明,冯立昇.中国三十大发明[M].郑州:大象出版社,2017.

[3] 华觉明.华觉明自选集:下[M].郑州:大象出版社,2017:810.

[4] 文化部对外文化联络局.联合国教科文组织《保护非物质文化遗产公约》基础文件汇编[M].北京:外文出版社,2012:10.

[5] 华觉明,李劲松,王连海,等.中国手工技艺[M].郑州:大象出版社,2014:503.

[6] 华觉明.中国传统工艺的现代价值与学科建设——《中国传统工艺全集》编撰述要[J].中国科学院院刊,2018,33(12):1319-1326.

[7] 同[5]2-3.

[8] 文化部,工业和信息化部,财政部.中国传统工艺振兴计划[EB/OL].[2017-03-24].http://www.gov.cn/zhengce/content/2017-03/24/content_5180388.htm.

[9] 朱培初.日本保护传统手工艺政策简述[C]//"东亚之光——中日韩工艺美术特质研究"国际论坛暨2008年中国工艺美术学会理论委员会年会论文集.北京:中国工艺美术学会,2008:24-36.

[10] 文化部非物质文化遗产司.非物质文化遗产保护法律法规资料汇编[M].北京:文化艺术出版社,2013:11.

[11] 《中国科学院院刊》编辑部.传统工艺的科学认知——张柏春研究员访谈[J].中国科学院院刊,2018,33(12):1314-1318.

[12] 闻人军.考工记导读[M].成都:巴蜀书社,1988.

[13] 闻人军.考工记译注[M].上海:上海古籍出版社,1993.

[14] 戴吾三.考工记图说[M].济南:山东画报出版社,2003.

[15] 张道一.考工记注译[M].西安:陕西人民美术出版社,2004.

[16] 关增建,HERRMANN K.考工记:翻译与评注[M].上海:上海交通大学出版社,2014.
[17] 戴震.考工记图[M].陈殿,校注.长沙:湖南科学技术出版社,2014.
[18] 孙机.汉代物质文化资料图说[M].北京:文物出版社,1991.
[19] 汪少华.中国古车舆名物考辨[M].北京:商务印书馆,2005.
[20] 刘克明.中国技术思想研究:古代机械设计与方法[M].成都:巴蜀书社,2004.
[21] 郑若葵.交通工具史话[M].北京:中国大百科全书出版社,2000.
[22] 郑若葵.中国古代交通图典[M].昆明:云南人民出版社,2007.
[23] 秦国强.中国交通史话[M].上海:复旦大学出版社,2012.
[24] 华梅,等.中国历代《舆服志》研究[M].北京:商务印书馆,2015.
[25] 郭宝钧.殷周车器研究[M].北京:文物出版社,1998.
[26] 孙机.中国古舆服论丛[M].北京:文物出版社,1993.
[27] 张长寿,张孝光.殷周车制略说[C]//中国考古学研究:夏鼐先生考古五十年纪念论文集.北京:文物出版社,1986:139-162.

[28] 刘云辉.秦陵铜车马[M].西安:西北大学出版社,1986.
[29] 王学理.秦陵彩绘铜车马[M].西安:陕西人民出版社,1988.
[30] 王学理.秦物质文化史[M].西安:三秦出版社,1994.
[31] 张仲立.秦陵铜车马与车马文化[M].西安:陕西人民教育出版社,1994.
[32] 杨英杰.战车与车战[M].长春:东北师范大学出版社,1986.
[33] 吴晓筠.商周时期车马埋葬研究[M].北京:科学出版社,2009.
[34] 赵海洲.东周秦汉时期车马埋葬研究[M].北京:科学出版社,2011.
[35] 刘永华.中国古代车舆马具[M].上海:上海辞书出版社,2002.
[36] 萧圣中.曾侯乙墓竹简释文补正暨车马制度研究[M].北京:科学出版社,2011.
[37] 王振铎.指南车记里鼓车之考证及模制[J].史学集刊,1937(3):1-47.
[38] 陆敬严.八十年来指南车的研究[J].自然辩证法通讯,1984,6(1):53-58,52.
[39] MOULE A C.宋燕肃,吴德仁指南车造法考[J].张荫麟,译.清华学报,1925,2(1):457-467.

[40] 张荫麟.宋卢道隆吴德仁记里鼓车之造法[J].清华学报,1925,2(2):635-642.

[41] 刘仙洲.中国旧工程书籍述略(以民国以前线装书为限)[J].清华周刊(工程专号),1933,39(10):983-1000.

[42] 刘仙洲.中国机械工程史料[M].北京:国立清华大学出版事务所,1935.

[43] 刘仙洲.续得中国机械工程史料十二则[J].国立清华大学工程学报,1948,3(12):135-138.

[44] 同[37]1-47.

[45] 华觉明.中国技术史研究的五十年[J].中国科技史杂志,2007,28(4):373-375.

[46] 张柏春.对中国机械史研究的回顾与思考[J].科学技术与辩证法,1994,11(3):36-38.

[47] 刘仙洲.中国机械工程发明史:第1编[M].北京:科学出版社,1962.

[48] 刘仙洲.中国古代农业机械发明史[M].北京:科学出版社,1963.

[49] 刘仙洲.有关我国古代农业机械发明史的几项新资料[J].农业机械学报,1964(3):194-203.

[50] 华觉明,何绍庚,林文照.科技考古的开拓者王振铎先生[J].自然科学史研究,2017,36(2):194-201.

[51] 王振铎.科技考古论丛[M].北京:文物出版社,1989.

[52] 华觉明,林文照,何绍庚.科技考古的传世之作——简评王振铎《科技考古论丛》[J].考古,1991(7):653-656,648.

[53] 王振铎.东汉车制复原研究[M].李强,整理补著.北京:科学出版社,1997.

[54] 李约瑟.李约瑟中国科学技术史:第4卷 物理学及相关技术:第2分册 机械工程[M].鲍国宝,等译.北京:科学出版社,1999.

[55] 陆敬严,华觉明.中国科学技术史:机械卷[M].北京:科学出版社,2000.

[56] 陆敬严.中国古代机械文明史[M].上海:同济大学出版社,2012.

[57] 同[41]984.

[58] HOMMEL R P. China at work:an illustrated record of the primitive industries of China's masses, whose life is toil, and thus an account of Chinese civilization[M].New York:The John Day,1937.

[59] 鲁道夫·P.霍梅尔.手艺中国:中国手工业调查图录(1921—1930)[M].戴吾三,等译.北京:北京理工大学出版社,2011.

[60] 张柏春,李成智.技术史研究十二讲[M].北京:北京理工大学出版社,2006:131.

[61] 周昕.中国农具通史[M].济南:山东科学技术出版社,2010:753-801.

[62] 渡部武.華北の在来農具[M].東京:慶友社,1995.

[63] 同[61]753.

[64] 同[53]40.

[65] 同[60]131.

[66] 农业部农具改革办公室.农具改革:第一辑 三秋农具[M].北京:机械工业出版社,1958.

[67] 中华人民共和国农业部.农具图谱:四卷[M].北京:通俗读物出版社,1958.

[68] 四川省农业工具改革和半机械化现场会.农业工具改革和半机械化农具图谱:交通运输工具 养路工具 农田基本建设工具[M].重庆:重庆人民出版社,1960.

[69] 吉林省农业机械厅,吉林省农业机械研究所.吉林农具图谱[M].长春:吉林人民出版社,1960.

[70] 张柏春,张治中,冯立升,等.中国传统工艺全集:传统机械调查研究[M].郑州:大象出版社,2006.

[71] 尹绍亭.云南物质文化:农耕卷:上、下[M].昆明:云南教育出版社,1996:478-485.

[72] 郭世荣,仪德刚,关晓武.勒勒车传统制作工艺调查[J].广西民族大学学报(自然科学版),2012,18(2):12-15,31.

[73] 德红英.达斡尔族木轮车的民俗研究[D].北京:中央民族大学,2006.

[74] 特木尔布和.阿鲁科尔沁蒙古族勒勒车制作技艺及民俗探析[D].呼和浩特:内蒙古师范大学,2015.

[75] 冯立昇,关晓武,张治中.工具器械[M].郑州:大象出版社,2016.

[76] 翦伯赞.中外历史年表:公元前4500年—公元1918年[M].新1版.北京:中华书局,1961:3.

[77] 夏商周断代工程专家组.夏商周断代工程1996—2000年阶段成果报告:简

本[M].北京:世界图书出版公司北京公司,2000:60-61.

[78] 同[76]5-6.

[79] 左丘明.左传[M].蒋冀骋,标点.长沙:岳麓书社,1988:366.

[80] 刘安.淮南子[M].许慎,注;陈广忠,校点.上海:上海古籍出版社,2016:258-259.

[81] 袁珂.山海经校注[M].成都:巴蜀书社,1993:529.

[82] 谯周.古史考[M].章宗源,辑.台北:新文丰出版公司,1986:466.

[83] 张震泽.孙膑兵法校理[M].北京:中华书局,1984:79.

[84] 司汉迁.史记卷二:夏本纪第二[M]//史记:第1册.裴骃,集解;司马贞,索隐;张守节,正义.2版.北京:中华书局,1982:51.

[85] 墨子[M].毕沅,校注;吴旭民,校点.上海:上海古籍出版社,2014:160.

[86] 王先谦.荀子解集:下[M].沈啸寰,王星贤,点校.北京:中华书局,1988:401.

[87] 世本八种[M].宋衷,注;秦嘉谟,等辑.北京:商务印书馆,1957:356-362.

[88] 吕氏春秋[M].高诱,注;毕三元,校;徐小蛮,标点.上海:上海古籍出版社,2014:385.

[89] 管子[M].房玄龄,注;刘绩,补注;刘晓艺,校点.上海:上海古籍出版社,2015:394-395.

[90] 韩非子[M].张悦,译注.济南:山东画报出版社,2013:152.

[91] 杨锡璋,高炜.中国考古学:夏商卷[M].北京:中国社会科学出版社,2003:411.

[92] 桥北考古队.山西浮山桥北商周墓[J].古代文明(辑刊),2006(1):347-394,411.

[93] 安阳市文物考古研究所.安阳殷墟徐家桥郭家庄商代墓葬[M].北京:科学出版社,2011:82.

[94] 陈年福.殷墟甲骨文摹释全编:第2卷[M].北京:线装书局,2010:998.

[95] 李学勤.比较考古学随笔[M].桂林:广西师范大学出版社,1997:71-72.

[96] 河南省文物考古研究所.郑州商代二里岗期铸铜基址[C]//考古编辑部.考古学集刊:6.北京:中国社会科学出版社,1989:119.

[97] 王学荣,张良仁,谷飞.河南偃师商城东北隅发掘简报[J].考古,1998(6):1-

8.

[98] 许宏,赵海涛.河南偃师市二里头遗址宫城及宫殿区外围道路的勘察与发掘[J].考古,2004(11):3-13.

[99] 孙机.中国古代马车的系驾法[J].自然科学史研究,1984,3(2):169-176.

[100] 翟德芳.商周时期马车起源初探[J].华夏考古,1988(1):95-106.

[101] 杨宝成.商代马车及其相关问题研究[J].华夏考古,2002(4):54-64.

[102] 杜勇.奚仲作车与中国马车的起源[J].西华师范大学学报(哲学社会科学版),2013(3):57-64.

[103] 王星光.试论中国牛车、马车的本土起源[J].中原文物,2005(4):28-34.

[104] 朱彦民.商代社会的文化与观念[M].天津:南开大学出版社,2014:210.

[105] 林梅村.青铜时代的造车工具与中国战车的起源[M]//古道西风:考古新发现所见中西文化交流.北京:生活・读书・新知三联书店,2000.

[106] 林巳奈夫.中国先秦時代の馬車[J].東方学報,1959,29:155-284.

[107] PIGGOTT S.The earliest wheeled transport:from the Atlantic coast to the Caspian Sea[M].Ithaca:Cornell University Press,1983.

[108] PIGGOTT S.Wagon,chariot,and carriage:symbol and status in the history of transport[M].New York:Thames & Hudson,1992.

[109] PIGGOTT S.Chariots in the Caucasus and in China[J].Antiquity,1974,48(189):16-24.

[110] 夏含夷.中国马车的起源及其历史意义[M]//古史异观.上海:上海古籍出版社,2005:99-131.

[111] 李学勤.中国和中亚的马车[M]//比较考古学随笔.桂林:广西师范大学出版社,1997.

[112] 王巍.商代马车渊源蠡测[C]//中国社会科学院考古研究所.中国商文化国际学术讨论会论文集.北京:中国大百科全书出版社,1998:380-389.

[113] 王海城.东西方早期马车的比较研究[D].北京:北京大学,2000.

[114] 同[105]40-59.

[115] 同[99]169-176.

[116] 孙机.中国古独辀马车的结构[J].文物,1985(8):25-40.

[117] 同[53]23-39.

[118] 同[54]281-193.

[119] 刘仙洲.我国独轮车的创始时期应上推到西汉晚年[J].文物,1964(6):1-5,3.

[120] 史树青.有关汉代独轮车的几个问题[J].文物,1964(6):6-7.

[121] 孙机."木牛流马"对汉代鹿车的改进及其对犁制研究的一点启示[J].农业考古,1986(1):157-160,174.

[122] 秦始皇兵马俑博物馆,陕西省考古研究所.秦始皇陵铜车马发掘报告[M].北京:文物出版社,1998:14.

[123] 孙机.汉代物质文化资料图说[M].上海:上海古籍出版社,2008:102-104.

[124] 郑玄,贾公彦.周礼注疏:下[M].彭林,整理.上海:上海古籍出版社,2010:1536.

[125] 淮安市博物馆.淮安运河村战国墓木雕鼓车保护与修复报告[M].北京:文物出版社,2014:30.

[126] 吴则虞.晏子春秋集释[M].北京:中华书局,1982:347.

[127] 十三经注疏:周易正义[M].王弼,注;孔颖达,疏;卢光明,李申,整理;吕绍刚,审定.北京:北京大学出版社,1999:298.

[128] 王先谦.荀子解集:上[M].沈啸寰,王星贤,点校.北京:中华书局,1988:1.

[129] 同[125]30.

[130] 张长寿,张孝光.井叔墓地所见西周轮舆[J].考古学报,1994(2):155-172.

[131] 郭宝钧.浚县辛村[M].北京:科学出版社,1964:28-31.

[132] 刘军社.陕西陇县边家庄五号春秋墓发掘简报[J].文物,1988(11):14-23,54,100.

[133] 朱锡禄.嘉祥汉画像石[M].济南:山东美术出版社,1992:76.

[134] 同[86]435-441.

[135] 同[86]507-508.

[136] 同[86]536-537.

[137] 同[80]491.

[138] 甘肃省博物馆.武威磨咀子三座汉墓发掘简报[J].文物,1972(12):9-23,79.

[139] 李昉,等.太平广记[M].北京:中华书局,1961:541-542.

[140] 薛景石.梓人遗制图说[M].郑巨欣,注释.济南:山东画报出版社,2006:26.

[141] 中国科学院考古研究所.辉县发掘报告[M].北京:科学出版社,1956:48-50.

[142] 中国科学院考古研究所.长沙发掘报告[M].北京:科学出版社,1957:142-143.

[143] 同[54]74.

[144] 史四维.木轮形式和功用的演变[C]//李国豪,张孟闻,曹天钦.中国科技史探索:中文版.香港:中华书局香港分局,1986:461-462.

[145] 李学勤.师同鼎试探[J].文物,1983(6):58-61.

[146] 李零."车马"与"大车"(跋师同鼎)[J].考古与文物,1992(2):74.

[147] 吴镇烽,尚志儒.陕西凤翔八旗屯秦国墓葬发掘简报[C]//文物编辑委员会.文物资料丛刊:3.北京:文物出版社,1980:67-85.

[148] 同[53].

[149] 山东省博物馆.发掘明朱檀墓纪实[J].文物,1972(5):25-36,67.

[150] 王圻,王思义.三才图会:12[M].扬州:江苏广陵古籍刻印社,1987.

[151] 同[147].

[152] 曹桂岑,马全,张玉石.河南淮阳马鞍冢楚墓发掘简报[J].文物,1984(10):1-17,97,99.

[153] 魏怀珩.甘肃秦安上袁家秦汉墓葬发掘[J].考古学报,1997(1):57-79,121.

[154] 同[72].

[155] 同[73].

[156] 同[74].

[157] 同[75]114-121.

[158] 刘安国.陕西交通挈要[M].上海:中华书局,1928:42-43.

[159] 陕西省志:民俗志[M].西安:三秦出版社,2000:154.

[160] 同[159]154.

[161] 陕西省志:公路志[M].西安:陕西人民出版社,2000.

[162] 咸阳市渭城区志[M].西安:陕西人民出版社,1996.

[163] 同[61]689-690.

[164] 张帆,华庆.安徽农具发展史图说[M].合肥:安徽人民出版社,2006:135-136.

[165] 同[23]480-481.

[166] 王日新.中原记忆——河南首批非物质文化遗产代表作[M].郑州:大象出版社,2013:346-347.

[167] 徐则挺.骥跃天中:驻马店[M].郑州:河南科学技术出版社,2011:178-179.

[168] 郭若虚.图画见闻志[M].沈阳:辽宁教育出版社,2001:46-47.

[169] 孟元老.东京梦华录注[M].邓之诚,注.北京:中华书局,1982:113-114.

[170] 张择端.清明上河图[M].南昌:江西美术出版社,2016.

[171] 张择端.清明上河图[M].天津:天津人民美术出版社,2009:15.

[172] 邵博.邵氏闻见后录[M]//邵伯温,邵博.邵氏闻见录;邵氏闻见后录.王根林,校点.上海:上海古籍出版社,2012:226.

[173] 谭其骧.中国历史地图集:第6册:宋·辽·金时期[M].北京:中国地图出版社,1982:3-4.

[174] 宋史卷三百三十一:列传第九十:沈遘[M]//宋史:第30册.北京:中华书局,1985.

[175] 朱熹.五朝名臣言行录六之五:参政韩忠宪公[M]//五朝名臣言行录:四.上海涵芬楼借海盐张氏涉园藏宋刊本影印原书版:2.

[176] 王明清.挥麈录[M].上海:上海古籍出版社,2012:100.

[177] 宗泽.宗忠简公集:附辨讹考异[M].新1版.北京:中华书局,1985:76.

[178] 施耐庵.水浒传[M].金圣叹,评.上海:上海古籍出版社,2015.

[179] 周密.癸辛杂识[M].吴企明,点校.北京:中华书局,1988:157-158.

[180] 同[140]20.

[181] 王祯.农具图谱十二:舟车门[M]//农书.北京:中华书局,1956.

[182] 陈椿.熬波图:卷下[M].四库全书本:23-24.

[183] 杨朝英.朝野新声太平乐府[M].北京:中华书局,1958:334.

[184] 郭勋.雍熙乐府:五[M].上海涵芬楼借北平图书馆藏明嘉靖四十五年刊本影印原书版:14.

[185] 薛论道.林石逸兴卷之七:朝元歌一百首[M]//林石逸兴:四.明万历刻本:14.

[186] 茅元仪.武备志卷一百三十一:军资乘[M]//武备志:五十六.明天启刻本:5.

[187] 钦定大清会典卷五十二:礼部:祀祭清吏司:丧礼三[M]//(乾隆)钦定大清会典.四库全书本:6.

[188] 朴趾源.热河日记[M].朱瑞平,校点.上海:上海书店出版社,1997:63-64.

[189] 西清.黑龙江外记[M].哈尔滨:黑龙江人民出版社,1984:45.

[190] 曾国藩.曾国藩全集:家书:上卷[M].石家庄:河北人民出版社,2016:137.

[191] 文康.儿女英雄传[M].泽润,点校.南京:凤凰出版社,2008:21.

[192] 李景汉.定县社会概况调查[M].北平:大学出版社,1933:730.

[193] 台北故宫博物院.绘苑璚瑶:清院本《清明上河图》[M].台北:台北故宫博物院,2010.

[194] 李兵.河南平舆太平车制作技艺调查[J].广西民族大学学报(自然科学版),2019,25(3):36-43.

[195] (道光)颍上县志[M].合肥:黄山书社,2008:84.

[196] 麟庆.河工器具图说[M].上海:商务印书馆,1937:278.

[197] 阜阳地区志[M].北京:方志出版社,1996:399.

[198] 淮北市志[M].北京:方志出版社,1999:214.

[199] 同[164]136.

[200] 分省地志:河南[M].上海:中华书局,1927:13.

[201] 续安阳县志卷十:社会志[M]//续安阳县志:卷六至卷十.北平:北平文岚簃古宋印书局,1933.

[202] 通许县新志卷十一:风土志[M]//通许县新志.开封:新豫印刷所,1934:29.

[203] 汲县今志[M].南京:汉文正楷印书局,1935:43.

[204] 卷十一:社会考[M]//重修汝南县志.上海:上海新文书社,1938:2.

[205] 河南省志:公路交通志[M].郑州:河南人民出版社,1991:165.

[206] 安阳市志:第二卷[M].郑州:中州古籍出版社,1998:1046.

[207] 鹤壁市志[M].郑州:中州古籍出版社,2007:804.

[208] 濮阳市志:卷二[M].郑州:中州古籍出版社,2005:718-719.

[209] 新乡市志:上册[M].北京:生活·读书·新知三联书店,1994:656.

[210] 开封市志:第三册[M].北京:北京燕山出版社,1999:29.

[211] 商丘市志[M].北京:生活·读书·新知三联书店,1994:213.

[212] 周口地区志[M].郑州:中州古籍出版社,1993:455.

[213] 驻马店地区志:上[M].郑州:中州古籍出版社,2001:713.

[214] 山东省志:农机志[M].济南:山东人民出版社,1993:109.

[215] 聊城市志[M].济南:齐鲁书社,1999:239.

[216] 清平县志:交通篇[M]//续修清平县志.济南:济南文雅斋,1936:9.

[217] 东明县新志卷之十三:民生[M]//东明县新志.铅印本.菏泽:[出版者不详],1933(民国二十二年).

[218] 菏泽地区志[M].济南:齐鲁书社,1998:177.

[219] 同[72].

[220] 同[73].

[221] 同[74].

[222] 同[75]114-121.

[223] 同[61].

[224] 黄世东.砀山民俗文化[M].合肥:合肥工业大学出版社,2014.

[225] 同[200].

[226] 同[195].

[227] 同[203]41.

[228] 同[224]124-130.

[229] 贺中乾.乡村歌谣精华[M].郑州:中州古籍出版社,2014:226-229.

[230] 同[224]129.

[231] 平舆县志[M].郑州:中州古籍出版社,1995:263-264.

[232] 同[124]1523-1524.

[233] 同[88]464.

[234] 盖山林.阴山岩画[M].北京:文物出版社,1986:269.

[235] 班固.汉书卷九十四下:匈奴传第六十四下[M]//汉书:第11册.颜师古,注.北京:中华书局,1962:3810.

[236] 王宗元,王传胜.《汉书·匈奴传》"斗入汉地"考[J].丝绸之路,1994(6):35-

36.

[237] 桓宽.盐铁论校注[M].王利器,校注.北京:中华书局,1992:348.

[238] 同[237]543.

[239] 范晔.后汉书卷十九:耿弇列传第九[M]//后汉书:第3册.李贤,等注.北京:中华书局,1965:719.

[240] 魏收.魏书卷一百三:列传第九十一:高车[M]//魏书:第6册.北京:中华书局,1974:2307-2308.

[241] 魏收.魏书卷三十五:列传第二十三:崔浩[M]//魏书:第3册.北京:中华书局,1974:818.

[242] 刘昫,等.旧唐书卷一百九十五:列传第一百四十五:回纥[M]//旧唐书:第16册.北京:中华书局,1975:5211-5212.

[243] 司马光.资治通鉴卷第二百四十七:唐纪六十三[M]//资治通鉴.北京:中华书局,1956:7971-7972.

[244] 刘昫,等.旧唐书卷十八上:本纪第十八上:武宗[M]//旧唐书:第2册.北京:中华书局,1975:595.

[245] 刘昫,等.旧唐书卷四十五:志第二十五:舆服[M]//旧唐书:第6册.北京:中华书局,1975:1957.

[246] 刘昫,等.旧唐书卷一百九十九下:列传第一百四十九下:北狄:奚[M]//旧唐书:第16册.北京:中华书局,1975:5354.

[247] 欧阳修,宋祁.唐书卷二百一十九:列传第一百四十四:北狄[M]//新唐书:第20册.中华书局编辑部,点校.北京:中华书局,1975:6173.

[248] 刘学锴,余恕诚.李商隐文编年校注[M].北京:中华书局,2002:1346.

[249] 欧阳修.新五代史卷十七:晋家人传第五:高祖皇后李氏[M]//新五代史:第1册.徐无党,注;中华书局编辑部,点校.北京:中华书局,1974:176.

[250] 欧阳修.新五代史卷十七:晋家人传第五:安太妃[M]//新五代史:第1册.徐无党,注;中华书局编辑部,点校.北京:中华书局,1974:180.

[251] 永乐大典:卷之一万八百七十七[M].北京:中华书局,1960:9.

[252] 苏颂.苏魏公文集:上册[M].北京:中华书局,1988:171.

[253] 脱脱,等.辽史卷五十五:志第二十四:仪卫志一[M]//辽史.中华书局编辑部,点校.北京:中华书局,1974:900.

[254] 李龙彬,樊圣英,崔嵩.辽宁阜新县辽代平原公主墓与梯子庙4号墓[J].考古,2011(8):46-65,105,113.

[255] 同[140]20-28.

[256] 同[252]171.

[257] 谭其骧.中国历史地图集:第5册:隋·唐·五代十国时期[M].北京:中国地图出版社,1982:82-83.

[258] 欧阳修.新五代史卷七十三:四夷附录第二[M]//新五代史:第1册.徐无党,注;中华书局编辑部,点校.北京:中华书局,1974:907.

[259] 蒙古秘史[M].额尔登泰,乌云达赉,校勘.呼和浩特:内蒙古人民出版社,1980.

[260] 彭大雅.黑鞑事略[M].徐霆,疏证.北京:中华书局,1985:2.

[261] 拉施特.史集:第1卷:第2分册[M].余大钧,周建奇,译.北京:商务印书馆,1983.

[262] 何秋涛.校正元亲征录[M]//校正元亲征录;平宋录.上海:商务印刷馆,1939:92.

[263] 李兵,关晓武.陕西传统木轮大车制作技艺调查[J].工程研究——跨学科视野中的工程,2019,11(1):83-93.

[264] 鲁布鲁克.鲁布鲁克东行纪[M]//柏朗嘉宾蒙古行纪;鲁布鲁克东行纪.柔克义,译注;何高济,译.北京:中华书局,1985:210.

[265] 同[264]210-211.

[266] 姚明辉.蒙古志[M].上海:中国图书公司,1907:109.

[267] 程廷桓,张家璠.呼伦贝尔志略[M].上海:上海太平洋印刷公司,1924:214.

[268] 朱启钤.东三省蒙务公牍汇编[G]//近代中国史料丛刊:第34辑.台北:文海出版社,1969:362-363.

[269] 同[189]45.

[270] 徐珂.清稗类钞:舟车类[M].北京:商务印书馆,1917:44.

[271] 花楞.内蒙古纪要[G]//亚洲民族考古丛刊:第6辑.南天书局有限公司,1987:132-134.

[272] 东北文化社.东北年鉴1931[M].东北文化社,1931:1093.

[273] 舒群.没有祖国的孩子[M].上海:上海生活书店,1936:74.

[274] 东北铁路总局.铁路货物等级表;危险品包装表[M].东北铁路总局,1948:60.

[275] 吴依桑.达斡尔族的大木轮车[J].内蒙古社会科学,1987,8(1):75-77.

[276] 乌力斯·卫戎.大轱辘车的制作和使用[J].黑龙江民族丛刊,1994(3):114.

[277] 赵复兴.鄂伦春族古老的陆上交通工具[J].内蒙古社会科学,1998,19(1):92-95.

[278] 同[73].

[279] 郭雨桥.细说蒙古包[M].北京:东方出版社,2010:147-161.

[280] 同[72].

[281] 同[74].

[282] 同[75]114-121.

[283] 同[263]83-93.

[284] 内蒙古公路交通史:第1册:近代公路交通[M].北京:人民交通出版社,1993:33.

[285] 阿鲁科尔沁旗志编纂委员会.阿鲁科尔沁旗志[M].呼和浩特:内蒙古人民出版社,1994:524-525.

后 记

这一书稿是在我的博士论文基础上增改而成的。2019年7月我从中国科学院自然科学史研究所毕业,尔后来到清华大学科学史系做博士后,期间对博士论文做了部分增补与修订。书稿尚有不少缺憾,一方面已完成部分还需增补工程图示,另一方面还应继续调查研究,此外,结语部分还有诸多问题尚待静观、沉思与追问。现实限制种种,未来亦不可知,暂将这一浅薄稚拙的小书付梓,可谓幸事。文中其他潜藏的舛误疏漏,于我已避而难显,还请师友同仁解蔽纠谬,惟愿日后有订正之机会。

这本小书即将付梓,我要衷心感谢良师益友的教导和帮助,尤其是关晓武研究员、张柏春研究员、孙烈研究员以及清华大学的冯立昇教授、杨舰教授,师恩难忘,无以言表。

感谢参加我博士论文开题报告、中期考核或毕业答辩的苏荣誉研究员、曾雄生研究员、田淼研究员、方一兵研究员和郭世荣教授,他们宝贵的建议让我论文增色实多。感谢为所里博、硕士生教授专业课的研究员们,他们不仅是资深学者,更具有作为教师的崇高情怀,愿意把数十年的治学经验与心得,分享给后辈,他们的学识和情怀理应受到学生们的尊重。感谢研究所"《天工开物》读书小组"成员,诸君带我同读经典技术文献,令我受益。感谢"西方科学史读书小组"成员,他们的交流与讨论增进了我对STS领域以及西方科学史的认识。感谢研究所和硕士阶段、博士后阶段相处过的老师和同学,他们带给我不同方面的帮助与成长,难以详述。

特别要感谢在我实地调查时木匠师傅和各地区文化系统工作人员的支持、帮助与配合,否则我的研究将无法开展,他们是:

陕西省咸阳市渭城区"礼义成"木铺傅平师傅和李府容师傅、西安市灞桥区木匠姚峰春师傅,西安高陵区文化馆张新龙研究员、咸阳市渭城区文化馆于淑丹女士、陕西省非物质文化遗产保护中心修建桥主任、西安市非物质文化遗产保护中心王智副主任。

　　河南省平舆县木匠赵华章师傅、彭树轩师傅，文广新局闫波副局长、炎黄研究会张耀征副研究员和文化馆闫小伟副馆长。

　　内蒙古赤峰市阿鲁科尔沁旗蒙古族木匠白音查干、赛音都楞和敖特根巴雅尔三位师傅，文化局吉日嘎拉图、宝力道、德力格尔其其格等老师。

　　天津静海县木匠张井岩师傅、静海教育博物馆周俊启老师。

　　感谢本书责任编辑翟巧燕女士，她的严谨与敬业令我感佩。

　　感谢我的父母对我无私的爱、无限的包容与支持，感谢我的两位姐姐对我的爱护，替我时常陪伴父母，也要感谢我可爱的外甥们给姥姥姥爷带去绕膝之乐。

作　者
2023年03月